茨城しあわせのランチ

こだわりの味と空間を愉しむ

Thank you for the amazing time.

ゆたり編集室 著

Mates-Publishing

はじめに

頑張っている自分へのご褒美に、
ハレの日にぴったりなご馳走を求めて、
訪れた人しか味わえないその空間、ロケーションに魅了されて……。
いつもより特別な〝しあわせのランチ〟を求める理由は人それぞれかもしれません。
今回ご紹介するのはそんなさまざまな場面で、確かな充足感をもたらしてくれる頼もしい名店たちです。

２０１７年４月の「茨城 こだわりの美食GUIDE―至福のランチ＆ディナー―」発行から約６年。この度、前回から構成をガラリと変えて、ランチに焦点を当てた新たな一冊ができました。

本書は、まだ出会ったことのない茨城のこだわりの味と空間を探している方、はたまたお気に入りのお店のことをもっと知りたい方への〝GUIDE〟です。

とっておきのランチめぐりの案内役としてお役に立てますように。

最後になりましたが、お忙しい中、本書の制作に当たってご協力くださいましたお店の皆さまに心より感謝申し上げます。

もくじ

※この情報は２０２２年12月現在のもので、平常時のものを記載しています。新型コロナウイルス感染症の感染拡大の影響を含めて、営業日・営業時間、座席数や予約の必要など、営業内容を平時から変更している場合がございます。事前にご確認ください。
※メニューは特別な記載がない限り税込表示となります。
※料理の内容は撮影時のものです。季節やその日の仕入れによって内容、価格が異なりますのでご了承ください。

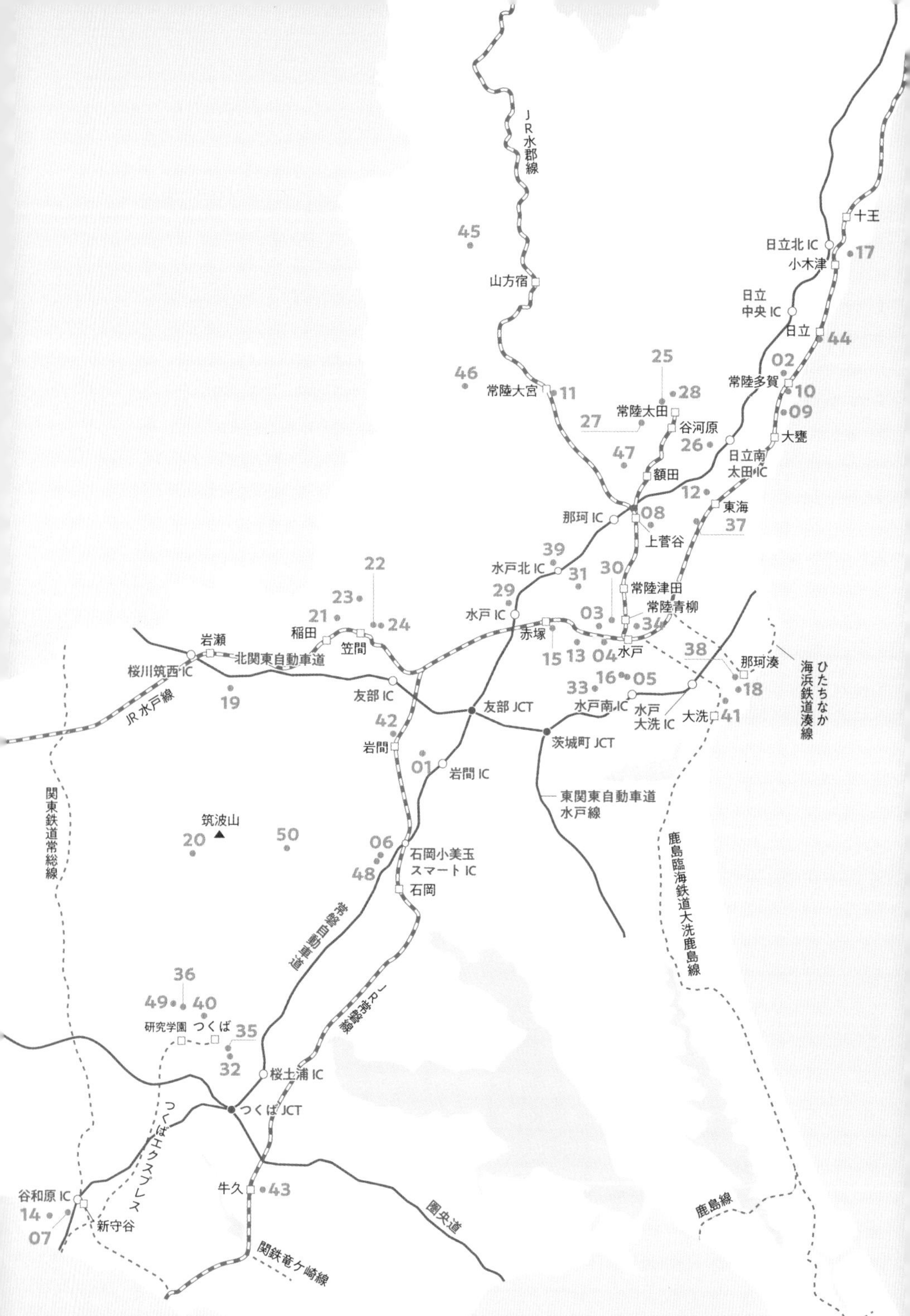

JR水郡線
45
山方宿
46
常陸大宮
11
十王
日立北 IC
17
小木津
日立
中央 IC
日立
44
25
02
常陸多賀
28
10
常陸太田
09
27
谷河原
大甕
26
47
日立南
太田 IC
額田
12
東海
那珂 IC
08
37
上菅谷
39
22
水戸北 IC
30
31
23
29
常陸津田
21
水戸 IC
03
常陸青柳
稲田
24
34
岩瀬
笠間
赤塚
38
北関東自動車道
15
13
04
水戸
那珂湊
ひたちなか
海浜鉄道湊線
桜川筑西 IC
16
05
33
18
19
JR 水戸線
友部 IC
水戸南 IC
友部 JCT
42
水戸
大洗 IC
大洗
41
茨城町 JCT
岩間
01
岩間 IC
東関東自動車道
水戸線
関東鉄道常総線
筑波山
20
50
06
石岡小美玉
スマート IC
48
石岡
常磐自動車道
鹿島臨海鉄道大洗鹿島線
36
49
40
研究学園
つくば
35
32
JR常磐線
桜土浦 IC
つくば JCT
つくばエクスプレス
牛久
43
谷和原 IC
14
07
新守谷
圏央道
関鉄竜ケ崎線
鹿島線

掲載店 MAP

◆自分へのご褒美◆

◆お祝いの日に◆

◆からだにやさしい◆

◆特集 茨城そばめぐり◆

◆特集 世界を旅する料理◆

◆地元を味わう◆

◆食事と空間◆

PATISSERIE

自分へのご褒美

慌ただしい日々の中、特別な食事で自分をいたわりたい時、たまには自分で自分にご褒美を。確かな味と温かなサービスできっとあなたを満たしてくれます。

Brasserie Terroir

ブラッスリー テロワール

大人の隠れ家レストランで奏でる 大切な人との極上の時間

「大切な人と長めのドライブ。今日はちょっと特別な大人のランチを。たどり着いたのは森の小道を抜けて現れる庭の美しい隠れ家レストラン」――。そんなシチュエーションを思い描いて、オーナーシェフの荒木仁博さんがこの店をオープンしたのは2007年9月のことでした。その前に腕を振るっていたレストランは街の大通りにあり、窓の外には行き交うたくさんの車。それでも食事は楽しめるけれど、もっと静かに外の風景や音、空気までをも含めてトータルで食事を楽しんでほしいと思ったのだそう。「ひょっとしたら最初は手前の細い道で不安になるかもしれませんが、それもまた日常から解き放たれるためのプロセスとして楽しんでいただけたら幸いです」

そんな豊かな自然の中で広い庭を眺めながらいただくのは、上質なフレンチ。オードブルの自家製スモークサーモンは色鮮やかで程よい塩味がきいており丁寧な仕事がうか

上)「和牛ホホ肉のビーフシチュー自家製ドミグラスソース」にオードブル＋デザートのオーダー。贅沢なランチのひとときを。左下)穏やかな食事の時間。窓から望む一面の緑。右下)緑に映えるやわらかな黄色の建物が目印です。

エントランスにはかわいいフクロウがお出迎え。

MENU

和牛ホホ肉のビーフシチュー 自家製ドミグラスソース 2,640円／常陸牛イチボ肉のステーキ 4,620円／オードブル盛り合わせ＋デザート 1,100円／ハーフポーションのフルコース 3,740円(オードブル、スープ、本日の鮮魚料理、ビーフシチュー、パン、デザート、コーヒー)

森の木々が上手に隠したフレンチレストラン。たどり着けば、街のざわめきに変わって小鳥のさえずりが迎えてくれる至上の空間。時の流れさえ穏やかな極上の食のひとときを大切な人とお過ごしください。

Brasserie
Terroir

上）大きな窓から差し込む穏やかな光が極上のひとときを演出。左下）オードブル。自家製スモークサーモン、パテドカンパーニュ、帆立貝のムース、キッシュロレーヌ。右下）開放感のある景色をおいしい一皿とともに。

がえます。スープはとてもなめらかで、野菜のやさしい味に心がほぐれてゆきます。メインは「和牛ホホ肉のビーフシチュー」。自家製ドミグラスソースは3週間かけてゆっくりと旨味を引き出した深くコクのある味わい。お肉はほんの少し力を加えるだけでホロホロとほどけるようなやわらかさ。幅広い年齢層に喜ばれているそうです。パンは、主張し過ぎず料理によく合うものを。タイミングを見計らって、香り高いコーヒーとマスカルポーネを使用したプリンがサーブされ、本日の食のコンサートの幕はゆっくりと下ろされるのでした。ランチタイムには、ハーフポーションのフルコースも楽しめ、ビーフシチューに加えて、シェフおすすめの魚料理が味わえま

左上）庭へと続く広いテラス。左下）締めくくりはかためがおいしいイタリアンプリンと淹れたてのコーヒー。右）ゆっくりと食事を楽しめる個室。気の置けない大切な人たちとの食事会に最適です。

す。もちろんワインもお好みでどうぞ。

食材はシェフ自ら市場や農園にまで足を運び、目で見て確かめて調達するそうです。「常にお客さまに寄り添って、お客さまとともにお店も育っていけたら」。オーナーシェフご夫妻の気さくな人柄も相まって、自然と笑みがこぼれる極上の隠れ家レストラン。来店前にはご予約を。

大切な人とすてきなひとときをお過ごしください。

オーナーシェフの
荒木仁博さんと綾さん夫妻

DATA

- ㊟ 笠間市押辺2108-7
- TEL 0299-45-0304
- 営 11:30～14:00(close)
  17:30～20:00(L.O.)
- ㊡ 月曜、第4日曜
- 席 テーブル席 30席　全席禁煙
  予約可(ディナーは要予約)
- ¥ カード不可　電子マネー不可
- URL http://b-terroir.com

ACCESS

岩間ICから北西へ約3.5km
(車で約6分)

LES GITANES

ル・ジタン

南仏の古いカフェのような風景を宿す創作フレンチの小さな世界へ

ＪＲ常陸多賀駅前の大通りから路地裏へ進んでいくと、緑色のオープンテラスが目に入ります。海外のカフェの趣と、フランスのラジオ番組を流すＢＧＭで、一気に旅するようなワクワク感が高まります。実はオーナーシェフの吉成賢一さんは、フランスとアメリカで生活した経験を持ち、

メインのホタテ貝のポワレなどが並ぶ「Aセットランチ」

MENU

Aセットランチ（メイン、前菜、バゲット、デザート、コーヒー）2,800円／Bセットランチ（メイン、前菜、バゲット、コーヒー）2,500円／クロックムッシュとコーヒー 1,000円／ハムチーズサンドとコーヒー 1,000円／デザートとコーヒー 1,000円

そこで見て、触れ、感じたことを、店のデザインや料理に生かすことで、異国情緒を醸し出す風景が生まれているのです。

そんな世界観を秘めた「LES GITANES」は、創作フレンチやワインをカジュアルなスタイルで提供するブラッスリー。看板料理の一つに、ホタテ貝のポワレがあります。刺し身で食べられるほど新鮮で大ぶりな宮城県産ホタテを使い、季節の野菜と数種のハーブをブレンドした爽やかなオイルソースは吉成さんのオリジナル。前菜からデザートに至るまで、シェフの感性が光る一皿は、期待を裏切らない安定感と、また味わいたくなる余韻を残すテイストに満ちていて〝おいしい旅〟へ誘ってくれるのです。

左）オープンテラスを設えた外観は、海外のカフェのような趣。
右）お客さま同士の会話が弾むよう席の配置にもこだわっています。

DATA

(住) 日立市多賀町2-3-1
(TEL) 0294-59-3442
(営) ［火～木・日曜］9:00～18:00
［金・土曜］11:00～14:00、
17:00～22:00
(休) 月曜、第2日曜
(席) テーブルとテラス 20席
全席禁煙（テラス席喫煙可）　予約可
(¥) カード可
(URL) https://lesgitanes.cloud-line.com/

ACCESS

常陸多賀駅から北西へ約500m
（車で約3分）

店名は、アラン・ドロン主演のフランス映画の題名から付けました。肩肘張らずに自由なスタイルで楽しんでいただけたらうれしいです。できるだけ予約をおすすめしています。

オーナーシェフの
吉成賢一さん

MENU

五目釜めし 1,300円／蟹釜めし 1,700円／牡蠣釜めし 1,700円／焼き鳥セット（11種）2,200円／野菜スティック 750円／鳥煮込み 700円

鳥ぎん

とりぎん

その味を守り続けて50年
世代を超えて愛される
水戸の釜めしと焼き鳥の店

絶品「五目釜めし」。釜めしの命のご飯は、糖度が高く、秘伝の出汁とよく合う城里町の「ホタル米」。

１９７３年水戸駅近くの宮下銀座から始まった釜めしと焼き鳥の店「鳥ぎん」。その後、泉町に移転してからも看板メニューの釜めしの味を守り続け、焼き鳥のタレは50年以上継ぎ足し続けています。店主の岸政彦さんは「当たり前のことを当たり前にやっているだけ」とさらりと語りますが、その「当たり前」という言葉に、何があっても当たり前に店を開け続けてきた料理人の胆力を感じます。

釜めしは一釜一釜、注文を受けてから炊き上げます。日本人の心をくすぐる炊きたての香りと素材の旨味が染み込んだご飯に箸が止まりません。定番の五目釜めしのほか、カニ釜めしや季節限定の牡蠣釜めしも絶品です。焼き鳥は秘伝のタレのほかに塩など素材

左上）50号沿い。清潔な白い暖簾がお客さまを迎えます。左下）カウンター。気さくな店主。この店の特等席。右）店の歴史を感じる深みのあるタレ、旨味を引き出す塩。両方楽しめる焼き鳥セット。

釜めしは注文を受けてから炊き始めるためお時間をいただきます。お急ぎの方は事前にお電話でのご注文も承ります。

コメント／店主の岸政彦さん
写真／お店のキャラクター

によって焼き分け、常連の舌をとりこにしています。「茨城は食の宝庫」と語る岸さん。野菜スティック一つとっても氷水にさらすなどのひと手間を惜しまず、その食材を生かしきってお客さまのもとへ。四世代で通い続ける常連客もいるほど、何度も通いたくなる温かい雰囲気の気取らない店です。

DATA

- ㊟ 水戸市泉町3-6-7
- TEL 029-224-2327
- 営 11:30~14:30、17:00~21:30
- ㊡ 木曜
- 席 テーブル席22席（カウンター4席含む）
  全席禁煙
  予約可（予約がおすすめ）
- ¥ カード可　電子マネー可

ACCESS

水戸駅から北西へ約3km
（車で約10分）

TRIBECA

トライベッカ

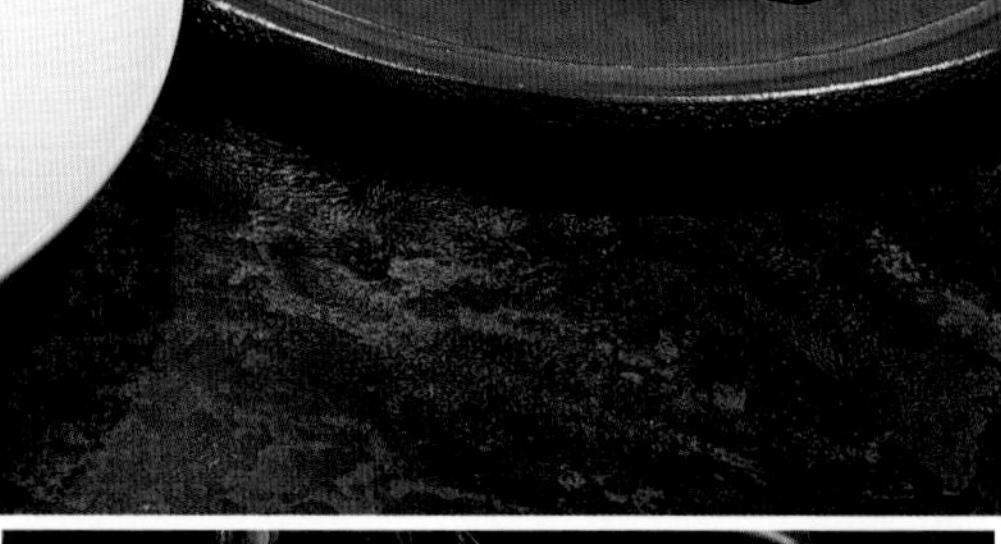

カジュアルな雰囲気と
温かいおもてなしが心地よい

外観は集合住宅ですが、中に入ると思いがけない異空間。店内にはたくさんの観葉植物があり、その手入れの良さが示すとおり、気配りの行き届いたお店です。

まずはお料理のご紹介から。3,000円のランチコースは「季節のポタージュ」「前菜5種盛り合わせ」「本日のお魚」「本日のお肉」に、「パン」「ドリンク」「選べるデザート」が付いています。お魚とお肉はどちらもハーフサイズでのご提供です。

野菜は有機農園などと契約し、リクエストするとすぐに種を蒔いて、新しい品種にチャレンジしてくれる協力農家もいます。肉類は脂少なめの赤身を好んで使いますが、それを硬いと感じさせないグリルの腕に定評があります。

基本はフレンチですが、創作料理に携わってきた経験から随所に和の食材が生かされています。例えば鶏レバーのムースは隠し味に生姜と醤油を用い、ちょっとだけ甘辛煮風を感じさせる仕上がり。開

上）前菜5種盛り合わせでは、パテドカンパーニュやフランなど人気の料理5種類が味わえます。左下）スコーンなどテイクアウトできるスイーツもすべて手作り。右下）工場用のライトなど無機質なインテリアに植物のグリーンが映えます。

トーンの合った装飾で落ち着いた雰囲気。

MENU

3,000円のコース（税込3,300円）
- 季節のポタージュ
- 前菜5種盛り合わせ
- 本日のお魚（ハーフサイズ）
- 本日のお肉（ハーフサイズ）
- パン
- ドリンク
- 選べるデザート

上）店の名はニューヨークの地域名「TRIBECA」から。アーティストが多く住む街をイメージした店内。左下）特注の皿に盛られた魚料理は真鯛のポワレ、和風バルサミコソースを添えて。右下）小さなグリーンまでツヤツヤ生き生き。

店当初からの人気メニュー「パテドカンパーニュ」も、本来は豚の力強い風味を味わう料理ではありますが、独自のレシピで癖の強さを抑え、誰もが食べやすい味に調えています。どの料理も舌馴染みが良く、ほっと肩の力が抜ける味わいです。

ランチタイムは幅広い年代の女性のお客さまが多く、お子さま連れも大歓迎。一人の食事も居心地よく楽しめる雰囲気で、実際お一人の方は「仕事を頑張った自分へのご褒美」「誕生月だからちょっと贅沢なランチを」という理由が多いのだとか。

ペースをうかがいながら次の皿を用意するなど、常に寄り添うサービスを心掛けているというシェフ。その料理の原点は、小学校1年生の時に

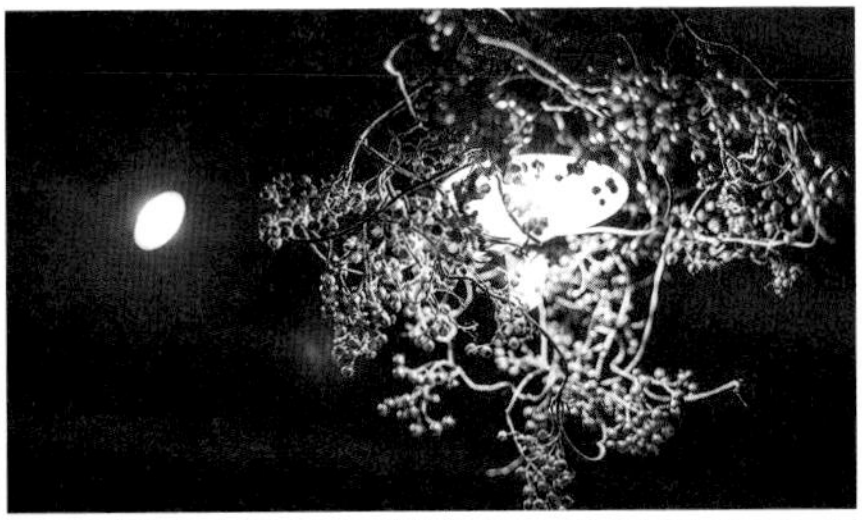

左）青々としたウエルカムグリーン。右上）ここにもさりげなく。右下）この日の肉料理は豚肩ロースのロースト。粒マスタードのソースとビーツの赤で絵を描くように。

DATA

- ㊟ 水戸市千波町1281-2 パークサイド1-101
- TEL 029-350-6220
- 営 ［ランチ］11:30~14:30（L.O.14:00）
  ［ディナー］18:00~21:00（L.O.20:00）
- ㊡ 水曜、12/26~1/4、不定休あり
- 席 テーブル席 20席、カウンター2席
  全席禁煙　予約可
- ¥ カード可　電子マネー可
- URL インスタグラム、フェイスブック、ツイッターあり

おいしい！の笑顔が何よりの励みです。ご来店をお待ちしています。

オーナーシェフの
石垣孝さん

ACCESS

水戸駅から南西へ約2.2km
（車で約8分）

おばあちゃんに卵焼きを作ってあげた思い出にありました。「料理ってこんなに人を喜ばせることができるのか」と幼心に感動したそう。だからでしょうか、お肉を食べやすくカットしてお出ししたり、野菜の茹で時間を加減したり、年配のお客さまへの気配りは一層です。

　接客に関しても「大切な家族を迎える気持ち、親孝行をするようなつもりで皆さまをお迎えしています」とホール担当のスタッフ。うれしいではありませんか。

ビストロ　うお座

びすとろ　うおざ

自然とみんなを笑顔にする
作り手の想いがこもった料理

MENU

本日のランチ 本日の魚料理 1,350円／本日のランチ つくば鶏のポワレ 1,350円＊本日のランチは＋150円でデザート付き／スペシャルランチ 魚のコース 2,500円／スペシャルランチ 肉のコース 2,800円＊スペシャルランチは前菜、スープ、パンかライス、デザート2品、コーヒー付き

おすすめのランチ「本日の魚料理」

釣り好き、魚好きのオーナーシェフ・田山忠士さんが「近所の人たちが魚料理を気軽に楽しめる店を」と、2001年にオープン。「座」は集まりの意。店名の「うお座」は、魚や人が集まるイメージで、「ビストロ」を加えたのは「敷居を低くし、居酒屋感覚で来店できる雰囲気でありたい」という思いから。

田山さんの願いどおり、店は近所の人や家族連れ、女性客でにぎわい、開店当初からの常連客にも支持されています。東京などのレストランでフレンチの研鑽《けんさん》を積んだ田山さんは、前菜、メインを、フレンチをベースにした魚料理で勝負します。手間暇かけた仕込み、素材の持ち味を生かす調理法と繊細なソース遣いで食通をうならせます。

左上）カジュアルな雰囲気の店内。左下）「うお座」の大きな看板が目印。右）個室感覚で利用できる、メインフロアの一画に設けたテーブル席。

良いものをより安く仕入れ、すべて手作りに徹することで実現するコストパフォーマンスの高さも注目です。天候や季節により水揚げされる魚の種類は変わりますが、それぞれの魚を自在に扱う熟練の技と心意気で仕上げた一皿は、また訪れたくなる魅力を秘めています。

お客さまに支えられて、ここまで続けることができています。これからもベストを尽くしておいしい料理を提供していきます。

オーナーシェフの
田山忠士さん

DATA

㊟ 水戸市酒門町3294-1
イーストディール1階
TEL 029-246-0521
営 11:30～14:00（L.O.）
17:00～20:30（L.O.）
休 火曜
席 テーブル席20席、カウンター5席
全席禁煙　予約可
¥ カード不可

ACCESS

水戸南ICから北へ約1km（車で約3分）

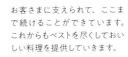

Chezやなぎさわ

シェやなぎさわ

上質な食材との出会いと
料理へのひたむきな想いが
織りなす極上の一皿

冷製オードブル「寒ブリのミキュイ」

常磐線石岡駅から少し離れた住宅街に佇む「Chezやなぎさわ」は、予約制のフレンチレストラン。オーナーシェフの柳沢富二男さんは、フランス・パリのホテル・ド・クリヨン（五つ星）やレストランタストヴァン（二つ星）などでフランス料理の経験を積み、テレビの出演経験もある本格派。店内には、フランス料理協会からの功績を称える賞状や勲章、著名人との写真やサインが飾られています。「2007年のオープンから16年目となります。地元の方はもちろん、福島や都内など県外からのお客さまも増えました」とやさしくほほ笑みます。

　提供されるのは、おまかせのコース料理のみ。「サイトウさんの野菜」「ユミノさんが育てたユミ豚」など、生産者の

MENU

ランチ
魚または肉を選べるコース
4,180円／魚と肉のフルコース
6,600円

左上）白い壁とテーブルクロスが誘う非日常の空間。左下）長崎産オナガダイのポワレ。右）テラス席で楽しむ「イワシとキノコのムースのガトー仕立て」。

DATA

住 石岡市鹿の子2-6-17
TEL 0299-24-3287
営 [ランチ] 11:30～14:30（L.O.13:00）
[ディナー] 18:00～22:00（L.O.20:00）
休 月曜、第1・3火曜
席 テーブル席16席　全席禁煙　要予約
¥ カード不可　電子マネー不可
URL http://www.chez-yanagisawa.com
インスタグラムあり

ACCESS

石岡小美玉スマートICから
南西へ約3.8km（車で約6分）

エントランスへと続く小道を歩みながら、非日常の時間を楽しむ気持ちを高めていただけたら……。フランス料理という文化を楽しんでいただきたいです。

オーナーシェフの
柳沢富二男さん

顔が見える新鮮な食材で丁寧に時間をかけて作られる美しい一皿は、視覚と味覚で楽しめる絵画のようです。パンにソースを付けて楽しめるよう、地元のベーカリーと共同開発したオリジナルパンとバゲットの2種類がサーブされます。天気の良い日には、木漏れ日が差し込むテラス席で食後のひとときをぜひ。

MENU

ブルーコース 2,860円／ブランコース 3,410円／ルージュコース 3,960円／トリコロールコース 4,510円／シェフのおまかせコース（要予約）5,500円

Coin de fourneau

コワン ドゥ フルノー

本場のフランス料理を
時差のない味で
人々を魅了し続ける名店

ランチの「トリコロールコース」

フランス語で「コワン ドゥ フルノー」の意味は、ガス台の端。ソースや煮込みを仕上げる場所を指し、「そんな風にこの店の料理がお客さまに浸透していけたら」との思いが店名に込められています。フランス・ベルギーの三つ星レストランをはじめ、東京有名店での修業経験を持つオーナーシェフの名越和幸さん。「日本人に合わせたものではなく本物のフランス料理を提供したいと思っています。みんながおいしいものを食べられるよう正しい食文化を伝えていきたい」と真っすぐに前を向きます。

　アミューズは、定番のフランス産チーズの一口ムース。「これを食べるとここに来たなぁという気分になる」と評判の一皿です。黒いプレート

左上）アミューズ「フランス産チーズの一口ムース」。左下）金・土・日のみ店内にオープンする小さなパン屋さん。右）緑と白を基調とした明るい店内。個室あり。

DATA

㊟ 守谷市御所ケ丘4-20-19
TEL 0297-45-6122
営 ［ランチ］12:00～15:30（L.O.14:00）
　［ディナー］18:00～22:30（L.O.21:00）
休 火曜、第３水曜
席 テーブル席 32席　全席禁煙
¥ 予約可　カード可　電子マネー可
URL https://coindefourneau.gorp.jp
インスタグラム、フェイスブックあり

ACCESS

谷和原ICから南西へ約2.5km
（車で約６分）

2005年のオープンからこの地で18年。数年前からテイクアウトのオードブルやおせちも始めました。金・土・日のみの小さなパン屋にもぜひ！

オーナーの名越和幸さんと
泰子さん夫妻

を彩る前菜11品の一つ、ブルゴーニュ地方の伝統料理「豚肉のパセリゼリー寄せ」は、現地で習得したレシピで作られる珍しいもの。フランスでパン屋を開ける資格を持つ奥さまの泰子さんは、自家製酵母を使い、国産小麦を主体に長時間低温発酵して作られるフランスの伝統的なバゲットを提供しています。

お祝いの日に

記念日や人生の節目、毎年の誕生日……。特別な日には、特別な食事が欠かせないもの。ハレの日を、より一層色鮮やかな日にしてくれる7軒をご紹介します。

こころね

茨城のこの地だからこそ実現した
自由で風雅なもてなしのスタイル

那珂市の大通りから少し入った住宅街にある料亭「こころね」。看板がなければ気付かないほど周囲に溶け込む佇まいながら、店内に一歩足を踏み入れると、そこには、木々が茂る清閑な庭に臨む、極上のもてなしの空間が広がります。

店を営むのは、横浜市出身の小原浩さんと奥さまの智子さん。かつては横浜で海鮮料理店を3軒営んでいましたが、少しのんびりしたペースで仕事をしようと決心したころに偶然、器をあつらえによく訪れていた笠間の知人を通じて、今の建物の持ち主に出会ったといいます。日常を離れた空間を創出できるこの建物に惚れ込み、幾度かの交渉の末、現状をできる限り維持する条件で譲ってもらうことがかなったのだそう。

昼も夜も1組ずつ、料理はおまかせのコースのみというスタイルは、夫妻二人で可能なおもてなしの範囲を考慮してのこと。ふるまう料理は、その日に入手した新鮮な素材を前に、自由な発想でつくります。「お客さまを楽しませたいし、皆さん

上）コースの内容は、その日入手した食材と大将の気分によって決まります。左下）全国の蔵元から取り寄せる日本酒の品揃えも自慢。料理に合わせておまかせで注文する人がほとんどとか。右下）住宅街に溶け込む外観。白い看板を目印に。

鳥をかたどったオブジェ。

MENU

ランチコース（店主おまかせ）3,500円～／ディナーコース（店主おまかせ）5,000円、7,500円、10,000円、15,000円

◇ お祝いの日に ◇

テーブルの配置は、人数や用途によって最適な形に変わります。例えば2名で食事をする場合は、写真のように2人隣り合わせで、庭を眺めながらゆったり食事が楽しめるような配置に。季節[illegible]テラスに席を設けること

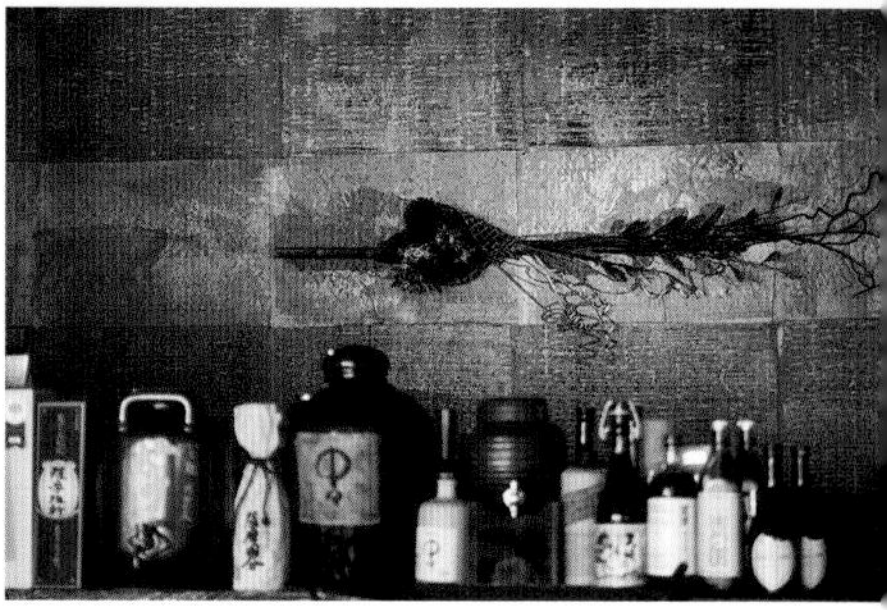

上）洋室に続く和室。少し高さのある座椅子が用意されているので、くつろぎながら食事を楽しめます。左下）季節の葉や花が皿を彩ります。右下）焼酎の品揃えも自慢。焼酎は蔵元から取り寄せたかめで継ぎ足しながら大事に育てたもの。

が驚く顔を見るのが好きなんです」と小原さん。「だから、この店にはお品書きがないんですよ。大将がお客さまの顔を見て予定にないものを作り始めたりするので（笑）」と智子さん。

　ある日の料理を例に挙げれば、京都の汲み上げ湯葉の上に生ウニとキャビアを乗せて和出汁のジュレでいただく前菜、ヒラメのお造りを巻き込んで中にホタテのムースを入れズワイガニを乗せた品、塩昆布を下に敷いた牡蠣の和風アヒージョ、そして、お酒を呑んだ後もおいしくいただけるカラメルの苦味が利いた絶品のプリンなど。特別なお祝いの席では鯛の塩釜焼きを提供することも。美しく盛り付けられたそれらの料理を、季節ごとに変化する庭の木々の葉色がさらに彩ります。

「結婚前の両家顔合わせ、お

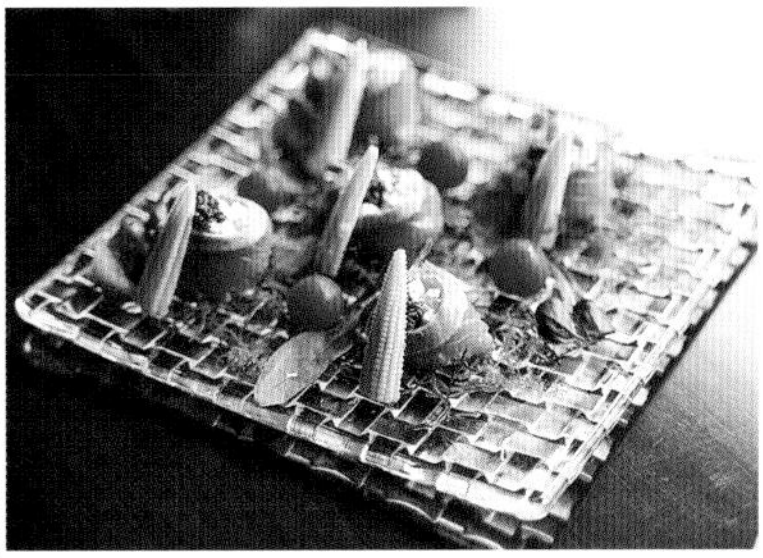

左）料理とともに心をほどいてくれる緑豊かな庭の景色。右上）どの料理にも丁寧な仕事が施され、奥行きのある味わいが楽しめます。右下）飾り棚に並ぶ銘酒の数々。

子さんが生まれて百日目のお食い初め、小学校や高校への入学祝いなど、ハレの場としてお使いいただくことが多いです」と小原さんは言います。夢は、この店でお食い初めをした赤ちゃんが成長を遂げ、この店で両家顔合わせをしてくれること。「それまで続けていられたら幸せだね」と笑い合う夫妻の人懐っこい表情に、お二人の心根のやさしさがのぞきます。

庭の木々で目を癒やしながらぜひゆっくりと旬の素材の味をお楽しみください。

大将の
小原浩さん

DATA

(住) 那珂市菅谷2576-8
(TEL) 029-219-5525
(営) [ランチ] 11:00～14:00
[ディナー] 17:00～22:00
(休) 不定休
(席) テーブル席16席　全席禁煙
事前予約制
（昼・夜1組ずつ／1組８名様まで）
(URL) http://www.kokoro-ne.com/
インスタグラムあり

ACCESS

上菅谷駅から東へ約1.5km
（車で約５分）

MENU

ランチコース 2,200円（予約優先）／ディナーコースA 3,800円／ディナーコースB 5,500円

＊ディナーコースは、どちらも前日までに要予約

Petite Maison FUNNY DAD

プティメゾン ファニーダッド

リズミカルな料理と空間で心浮き立つひとときを

目と舌で楽しめる「ランチコース」

２０２１年11月にオープン。海外のカフェを思わせるポップな雰囲気と本格派の料理が人気を集め、早くも女性客を中心にリピーターが続出です。フランス語と英語を組み合わせた店名を直訳すると、「小さな店の面白い親父」という意味。「家族を迎えるような温かさ、居心地のよさを感じてもらえたら」というオーナーシェフ・駒田眞二さんの想いが込められています。

メニューは、昼夜ともにコース仕立て。ホテルや結婚式場の料理長を務めた経歴を持つフレンチ出身の駒田さんが提案するのは、ジャンルにとらわれない各種エッセンスを織り交ぜ、ユニークな発想から生み出す創作料理。色彩や食感に工夫を凝らし、新しい発見と驚きに満ちています。

左上）コースに付く「シェフの気まぐれデザート」。左下）繊細なソース遣いが光る「本日のお魚料理」。右）ポップなインテリアでまとめた店内。

シェフの気まぐれで、コースの内容を変えています。いろいろな味わいをお楽しみください。

オーナーシェフの
駒田眞二さん

DATA

- ㊟ 日立市水木町2-8-47 トライアルビル1階
- ℡ 0294-87-7075
- 営 11:30～14:30、17:30～21:00
- 休 月・木曜、夏期、年末年始、不定休あり
- 席 テーブル席14席　カウンター2席
  全席禁煙　予約可
- ¥ カード可
- URL インスタグラムあり

ACCESS

大甕駅から北東へ約1.6km
（車で約5分）

良心的な料金設定で、コストパフォーマンスの高さもうれしい限りです。

「Petite Maison FUNNY DAD」を訪れると、駒田さん夫妻が笑顔で迎えてくれます。〝家族のような温かさ〟を醸し出す料理と雰囲気に、心も体もほっと緩み、つい長居してしまいそうです。

MENU

四季の会席 6,600円～

和食｜日立市

割烹 いな橋

かっぽう いなはし

夏は鰻、冬はふぐが登場 繊細な技が冴える 季節料理を慈しむ

季節の味覚満載の「四季の会席」

閑静な住宅街に小さな看板を掲げ、完全予約制で営む割烹料理の店。植栽が美しいアプローチと和モダンな空間が、上質なひとときへと誘ってくれます。

供されるのは、色彩に気遣った前菜をはじめ、丁寧に下ごしらえした旬の食材で季節感を表現する会席料理。東京で修業を積み、出身地で独立を果たした大将。専門調理食育推進員・日本料理専門調理師として、和食一筋で培った食材選びや料理への手間など、繊細な技が光ります。「ぜひ味わってもらいたい」という大将の自信作は、夏は鰻やすっぽん、冬はふぐのメニューです。例えば、鰻は、調理工程に〝蒸し〟を入れない関西風で、中はジューシー、外側はパリッとした香ばしさ

左上）静かに佇む店舗。左下）個室を配する店内は、落ち着いた雰囲気。右）玄関に導く美しいアプローチ。

DATA

- 住 日立市東金沢町3-14-28
- TEL 0294-35-2720
- 営 完全予約制
- 休 不定休、1月1～3日
- 席 テーブル席８席、
  個室テーブル席４席、カウンター５席
  全席禁煙　予約可
- ¥ カード不可
- URL インスタグラムあり

ACCESS

常陸多賀駅から南西へ約1.5km
（車で約５分）

非日常の静かな空間で、季節の料理をお楽しみください。

大将と女将さん

が特徴です。地元漁港で揚がる魚介や地場産野菜を盛り込む料理とともに堪能したい逸品です。

２０００年の開店以来、女将さんと二人三脚で切り盛りし、心のこもった接客と地産地消を軸とする端正な料理で訪れる人の心と舌を魅了し続けています。季節を映し出す味と風景に惹かれ、また会いに行きたい一軒に。

MENU

予算・苦手なもの・アレルギーのみをお聞きした完全予約制（5,000円～）

Restaurant La•Lavande

レストラン　ラ・ラヴァンドゥ

選び抜かれた食材の数々 茨城で味わう 本格派のフランス料理

見た目も楽しめるランチの一例。手前のお皿に盛り付けられているのは貴重な最高級豚肉「梅山豚」。

ＪＲ常陸大宮駅から徒歩7分。県道１６８号線沿いに立つラベンダー色の看板を目印に裏路地へ足を踏み入れると現れる真っ白な外壁。突如雰囲気が一変し、まるでフランスを訪れたかのようなその場所は、本格的なフランス料理を堪能できる、レストラン「ラ・ラヴァンドゥ」。10歳の頃に見たドキュメンタリー番組がきっかけで、フランス料理人の道を志したというオーナーシェフの大林靖道さん。２０１１年、本格的なフランス料理の味を地元の方にも知ってもらいたいと常陸大宮市に開いたお店です。

ランチ、ディナーともに、メニュー表はなく、おまかせの完全予約制。オープン当初から使い続けている食材は、幻の最高級豚肉と呼ばれる

上）フランス語でラベンダーを意味する店名のとおり、ラベンダー色と白色の統一感のある空間が広がる店内。左下）厨房手前にあるワインは、料理も店内も彩ります。右下）敷地に足を踏み入れた瞬間、雰囲気が一変します。

生産者の想いの詰まった食材一つ一つを楽しんでください。

コメント／オーナーシェフの大林靖道さん
写真／お店のロゴマーク

「梅山豚《メイシャンとん》」。国内で飼育される「純血種」はわずか１００頭ほどしかおらず、扱える料理人も限られています。そんな最高級の豚肉をはじめ、エゾジカ、ウサギ、地元の野菜や魚など、大林さんが選び抜いたこだわりの食材の数々を手間暇かけて調理し、本格派フランス料理として提供しています。

DATA

㊟ 常陸大宮市南町1144-6 ℡ 0295-52-1789
(営) [ランチタイム] 12:00～15:00
（最終入店13:30）
[ディナー] 18:00～
（最終入店20:00、
クローズはお客さまが帰られるまで）
㊡ 不定休（三が日以外）
(席) 来店者数による　要相談
ランチ・ディナーともに完全予約制
(¥) カード可　電子マネー不可
(URL) インスタグラムあり

ACCESS

常陸大宮駅から南東へ約500m
（徒歩で約7分）

restaurant toitbrun

レストラン トワブラン

優雅な空間に映える
美しいアートのような一皿

MENU

おまかせフルコース(ランチ)／季節を味わうおまかせコース(ディナー)／厳選食材のスペシャルコース(ディナー) ＊昼夜各1組限定。価格はホームページをご覧ください

ランチの「おまかせフルコース」の一例。

閑静な住宅街に佇む一軒屋のフレンチレストラン。アンティークの家具や雑貨が並ぶ店内は、優雅な雰囲気を醸し出し、特別なひとときを演出します。「心ゆくまでゆったりと食事を楽しんでもらいたい」と、完全予約制、客数限定のスタイルで営業しています。

県内のフランス料理店などで経験を積んだオーナーシェフ・山岸英樹さんが腕を振るう料理は、春夏秋冬の味覚を重視した目にも美しいアートのような一皿です。メニューは、素材の味を引き立てる組み合わせ、食感の妙など、前菜からデザートに至るまで、厳選食材をシンプルかつ繊細なアレンジで組み立てる構成。ワインとのマリアージュも楽しみの一つです。

店名は「茶色の家」のフラ

上）アンティークの家具が並ぶ店内。左下）木立に囲まれた一軒屋のレストラン。右下）所々に飾られている愛らしい雑貨が、居心地のいい雰囲気を演出。

DATA

(住) 那珂郡東海村舟石川584-8
(TEL) 029-287-2266
(営) 11:30～14:30（L.O.13:30）
18:00～22:00（L.O.20:00）
(休) 月曜（祝日の場合は営業）
(席) 全席禁煙　昼夜完全予約制（前日まで）
＊10歳以下のお子さま連れでのご入店はご遠慮ください。
(URL) http://toitbrun.com/
インスタグラム、フェイスブックあり

静かで落ち着いた場所です。素材の味を大切にしたフレンチをお楽しみください。

コメント／オーナーシェフの山岸英樹さん
写真／お店の看板

ACCESS

東海駅から北西へ約1.5km
（車で約５分）

ンス語から。チョコレート色をした木造の建物は、木立に囲まれた隠れ家のようで、記念日などの特別な日に利用するお客さまも多いとか。「restaurant toitbrun」は、そんな期待に十二分に応えてくれる頼もしいレストランです。

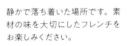

和牛庵

わぎゅうあん

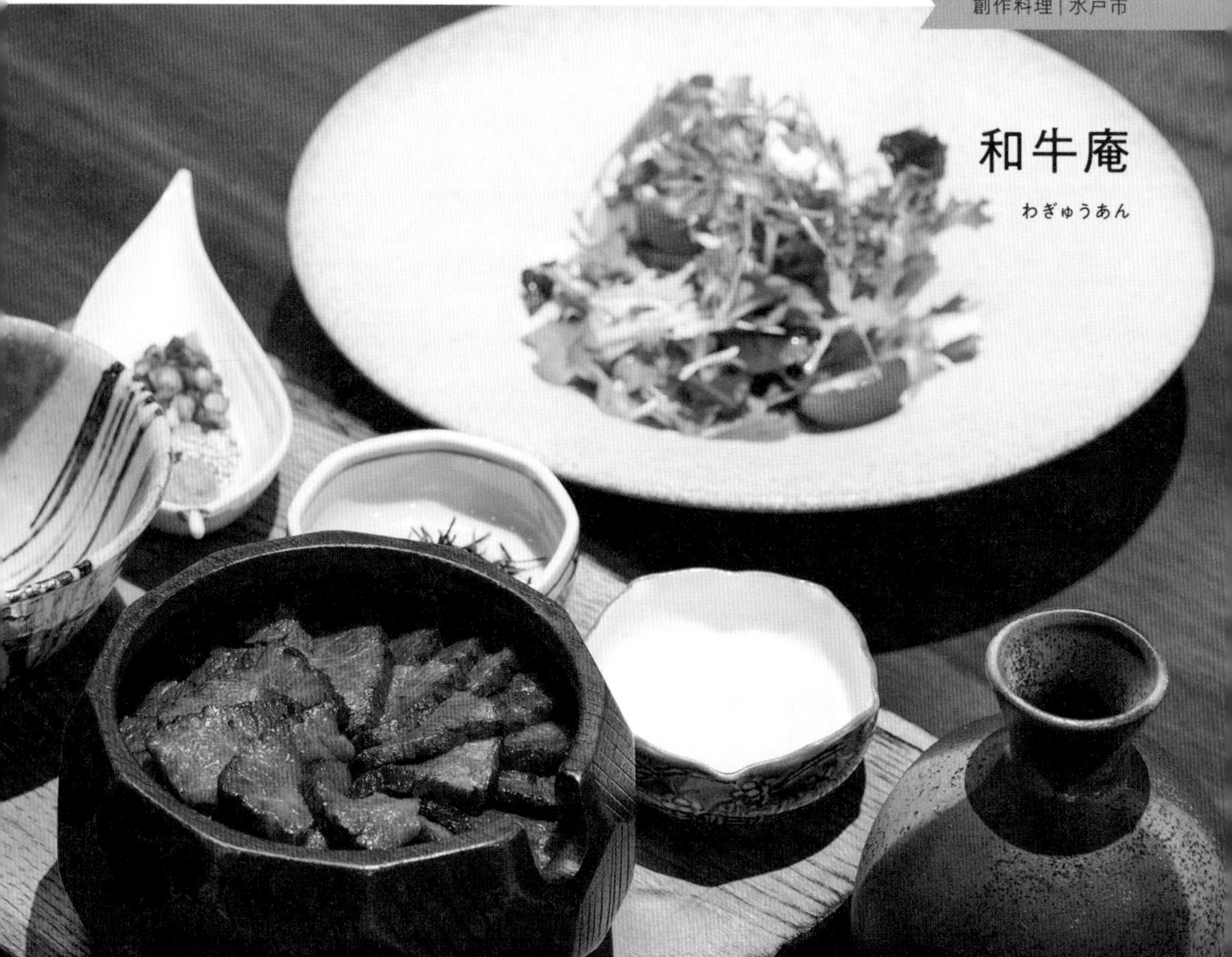

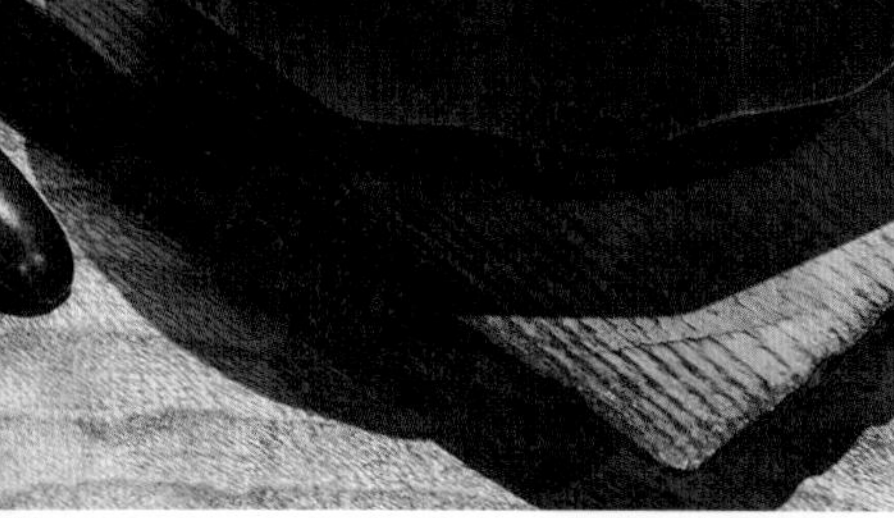

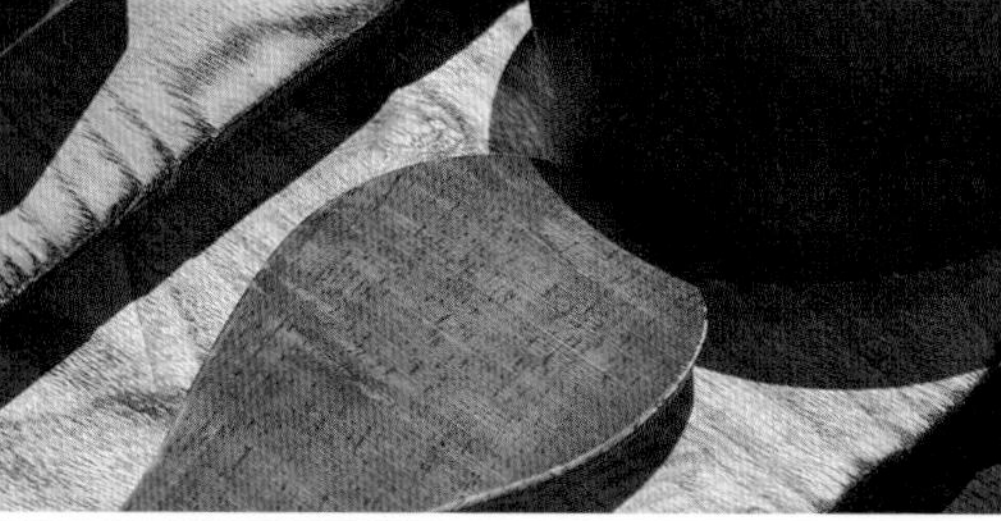

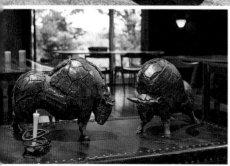

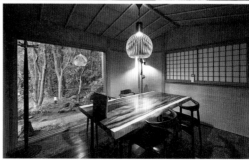

コンセプトは“大人の贅沢”
記憶に残る熟成和牛の祝い膳

特別の空間で格別なお肉を味わえる「和牛庵」は、市街地から少し離れた川沿いに建つ一軒家。ひっそりと隠れ家的な佇まいの玄関を開ければ、これから始まる時間への期待が高まります。

　ルイスポールセンの照明を生かすようにデザインされたという店内は、センスの良い調度品が置かれ、シックで落ち着いた雰囲気。大きな窓の外にはツツジやツバキといった広葉樹の林があり、どの席からも季節のお庭が楽しめます。

扱うのは常陸牛、花園牛といった県内産の和牛。店で出すにふさわしい条件を満たす牛を厳選し、一頭買いで仕入れています。各メニューに使用する部位は決まっておらず、タイミングによってカメノコ、シンタマ、マルカワなどの希少部位が提供されることもあります。

　ランクの高い和牛は一般的にサシが強めですが、単にリッチなテイストを求めているわけではありません。赤身と脂肪のバランスを重視し、

上）きれいなローズピンク色のローストビーフ。お茶漬け用のだし汁は肉の旨味を受け止められるようやや濃いめに仕上げています。左下）和牛庵のロゴマークにも使われている印象的な笠間焼の作品。右下）落ち着ける個室は4名様まで。

個人のお宅のよう。植栽が美しい純和風の玄関。

MENU

和牛庵名物 熟成和牛のひつまぶし 3,278円／和牛庵 三種の熟成和牛盛り 5,280円

上）ゆったりと間合いのとられた店内。窓外の緑が目にやさしく日の移ろいも感じられます。左下）お肉はレアでご提供。そのまま、または焼き石にてお好みの焼き加減に。右下）元は個人宅だった時からの庭園を大切に譲り受けています。

しっとりとした肉質で、ウエットエイジング法により十分に旨味を高めた熟成肉を、いかにさっぱりといただけるかという点を追求しています。「いろいろ食べてこられた方に、今までで一番おいしいお肉でしたと言われた時はうれしかったです」と野上オーナー。

ランチで人気の「熟成和牛のひつまぶし」は、ご飯の上に香ばしくローストしたお肉をのせ、食欲をそそる甘辛のタレがからめてあります。まず一口目はそのままで。やわらかいお肉とご飯が渾然一体、口福を感じる瞬間です。次は薬味を添えて。だし汁をかけてお茶漬け風に。締めはお好きな食べ方でもう一度、というのがおすすめの食べ方です。「三種の熟成和牛盛り」は、その日の食べ頃部位から2種

上）ゆっくりとくつろげそうなカウンター席。この部屋からも外の景色を望むことができます。左下）さりげなく置かれている古道具やアート作品もすてき。右下）濃紺色の壁が店内をぐっと大人の雰囲気に。

DATA

㊟ 水戸市見川3-695　℡ 029-306-7733
㊖ [ランチ] 11:30～15:00（L.O.14:00）
[ディナー] 18:00～22:00（L.O.21:00）
＊ランチ予約優先、ディナーは前日までの完全予約制
㊡ 水曜、12/31～1/3、不定休あり
㊢ テーブル席20席　個室 1部屋4席
カウンター5席　全席禁煙　予約可
＊小さなお子さまのご利用はご遠慮いただいております。
詳しくはお問い合わせください。
¥ カード可　電子マネー不可
URL インスタグラムあり

風情ある庭の景色を眺めつつ、当店ならではの和牛の美味をご堪能ください。

オーナーの
野上貴弘さん

ACCESS

水戸駅から南西へ約4.7km
（車で約14分）

類のステーキと、絶品のタルタルハンバーグがいただけます。熱々の焼き石が運ばれてきますので、お好みの焼き加減に調整しながらお召し上がりください。地元の酒と醤油を用い、研究を重ねて作られた醤油タレがさっぱりと、芳醇なお肉の味を引き立てます。

お祝い事でのご利用、ちょっと演出がほしい時などは予約の際にご相談ください。メッセージ入りデザートプレートのご用意も受け付けています。

Spice Garden

スパイスガーデン

日常に小粋な “スパイス”を 焼きたての香り漂う 自家製パンレストラン

MENU

ランチコース
＊メインは仕入れ状況で変わります
- 白身魚のソテー 2,000円
- 茨城県産ローズポークフィレ肉のソテー 2,000円
- 国産鶏もも肉のソテー 2,000円
- 黒毛和牛のオーブンやわらか煮 2,350円

パン各種 200円〜

ランチコースの「黒毛和牛のオーブンやわらか煮」

千葉県柏市で約10年、パン屋を営んできたオーナーシェフの遠藤秋夫さんが「パンをおいしく食べるタイミングで提供したい」と2000年にオープンした「スパイスガーデン」。店名には「店や料理に、さまざまな意味で小粋なスパイスを少々効かせた、温かみのあるお店を心掛けたい」という願いが込められています。

　童話の世界へ誘うような緑のトンネルを抜けると、竹林が静かにそよぐ庭、そしてエントランスへと導かれます。店内は天井が高く吹き抜けになっていて、窓から見える緑は一枚の絵画のよう。入り口近くに置かれた鉄の重厚さと存在感のある棚は、シェフがパン屋時代から30年以上共に過ごしたオーブンのリメイク

です。

人気の「黒毛和牛のオーブンやわらか煮」は、A4～A5クラスのネックをパンのオーブンでじっくりと煮込んだもの。弾力とやわらかさのバランスが素晴らしく、旨味が口の中いっぱいに広がります。数種類の味が楽しめるパンの盛り合わせにソースを付けて堪能できるよう、すべての料理のソースは多めになっています。

上）森の中にいるような、幻想的な空間を楽しめる別館「風の部屋」。左下）自家製パンはお土産にも購入できます。右下）座る場所によってさまざまな表情を見せてくれるくつろぎの店内。

DATA

㊟ 守谷市大木617-3
(TEL) 0297-47-0727
(営) 月曜～水曜、第1・第3の木・日曜
11:30～15:30（L.O.13:30）
＊夜は貸切のみ（要相談）
(休) 金・土曜、第1・第3以外の木・日曜
(席) テーブル席25席　全席禁煙　要予約
(¥) カード不可　電子マネー 可
(URL) フェイスブックあり

緑に囲まれた空間で、焼きたてパンとともに、大切なお時間をゆったりとお過ごしください。

オーナーの遠藤秋夫さんとかおりさん夫妻

ACCESS

谷和原ICから西へ約3.5km
（車で約10分）

からだにやさしい

おいしいのはもちろんのこと、体のことも気遣いたい。そんな願いに寄り添ってくれる、素材や味付け、料理法などにこだわった滋味深き一皿をどうぞ。

MENU

季節の30品目プレートセット 1,700円／常陸牛のローストビーフ和風バルサミコ酢ソースセット 2,600円／お魚のムニエル豆乳味噌ソースセット 1,540円／免疫バランス弁当 1,620円／常陸牛すじ肉のとろとろシチュー弁当 1,080円

体にやさしい西洋料理
レストラン・アオヤマ

からだにやさしいせいようりょうり
れすとらん・あおやま

毎日の健やかな自分を作る
栄養とやさしさが宿る料理

人気のランチ「季節の30品目プレートセット」

「バランスの取れた食事を、おいしく、美しく」をテーマに、野菜中心の食材、油で揚げない調理法、塩分を抑えた栄養バランス、そして、おいしさを追求するメニューを展開しているレストラン。

オーナーシェフの青山雅樹さんは、大使館やホテル、フレンチのシェフなど多岐の場で経験を積んだ実力派の料理人。健康を考えた料理を志したのは、友人が病に倒れたことがきっかけでした。「体にやさしくおいしい料理は、人を力づける。病気を患う人たちのためにできることをしたい」と、37歳の時に出身地の水戸市赤塚で独立を決意し、現在に至ります。

専門の医師たちの協力を得て提供する「季節の30品目プレートセット」は、アンチエ

左上）駅近くの立地。ヨークベニマルの駐車場が利用できます。左下）人気のテイクアウト「免疫バランス弁当」。右）店内は、ゆったりと食事が楽しめる雰囲気。

イジングを意識した内容のランチ。多品目の食材を使い、６００ｋｃａｌ以下、塩分約２ｇ、野菜１８０ｇ以上の独自ルールの中で「いかにおいしく、目にも美しいか」を目指します。人気のテイクアウトは「免疫バランス弁当」など多種を用意。誰もが安心して食べられる、体に負担を掛けないやさしい料理で健やかに。

カロリーを抑えつつ、おいしさと満足感を求めた料理を提供しています。食習慣は健康を左右するポイントなので、店の料理が役立つヒントになればうれしいです。

オーナーシェフの
青山雅樹さん

DATA

㊟ 水戸市姫子2-30 ℡ 029-257-9292
営 11:00～15:30（L.O.14:30）＊夜は現在お休み中
［テイクアウト］11:00～19:00
（最終お渡し20:00）
休 木曜
席 テーブル席 24席
全席禁煙（テラス席のみ喫煙可）
予約可
¥ カード可
URL http://restaurantaoyama.com/
インスタグラム、フェイスブックあり

ACCESS

赤塚駅から東へ約40m
（徒歩で約1分）

東荟芳

とうかいほう

心も体も喜ぶ滋味に富んだ料理を ゆったりとした時間が 流れる空間で

MENU

昼：会萃芳花膳 3,190円、飲茶セット 2,147円
夜：会萃芳薫膳 4,510円
昼・夜：はなれ 胡蝶庵 6,171円、9,801円 ＊料金が変わることもありますので、お問い合わせください

昼のコース「会萃芳花膳《かいすいほうかぜん》」

大通りから一本入ると、住宅街の中にお店の看板が見えてきます。一見、古民家を改装したような趣のある建物。お店に入るとやさしい笑顔で出迎えてくれる女将さんの姿にほっとさせられます。日本家屋の落ち着いた店内にはジャズが流れ、くつろいで過ごしていただけるようにと畳の個室は足が下ろせる掘りごたつの座敷になっています。

こちらでいただけるのは、体にやさしい料理。化学調味料に頼らずに素材の持ち味を生かした味付けが特徴です。天然の塩、五味子酢、保存料無添加の特選醤油、植物性の油、国産の小麦粉などを使い、仕込みに手間と時間をかけた品々。季節を感じられる料理を提供しています。お皿の上に並べられた前菜は蝶の形に

左上）日本家屋のすてきな建物。お店の前に車が停められます。左下）コースの中の点心。右）畳の個室でゆっくり食事が楽しめます。

DATA

- (住) 水戸市住吉町10-17
- (TEL) 029-246-0767
- (営) 11:30～14:30（L.O.13:30）
  17:30～21:00（L.O.20:30）
- (休) 月曜（祝日の場合は営業、翌日休み）
- (席) 個室３部屋　はなれ（完全個室４名）
  店内禁煙　要予約
- (¥) カード可
- (URL) https://www.tohkaiho.net

ACCESS

水戸南ICから北西へ約2km
（車で約５分）

ほっと幸せを感じていただけたらうれしいです。

コメント／店主
写真／お店の看板

型どられた野菜が並んでいたり、目にも楽しい演出が食事の時間を楽しくさせてくれます。店主が作る味わい深い料理と女将さんのおもてなしはお腹も心も満たし、幸せな気持ちにさせてくれます。

DA Ruiji

ダ ルイジ

眼前の大海原に心をほどき、愛溢れる創作イタリアンを堪能する

創作イタリア料理を提供する「DA Ruiji」のオーナーシェフ・渡辺勇二さんの毎日は、日の出とともに、趣味で20年続けているというサーフィンで始まります。海に入り心身の調子を整えた後は、その日迎えるお客さまのための料理の仕込みに全身全霊を傾けます。毎朝最初に行うのは、鰹節と昆布で出汁を取る作業。「すべての料理に出汁を使います。実家が寿司店なのでその影響でしょうね。日本人ですから、和の味覚は大事にしています」

実家の寿司店はお兄さまが継ぎ、自身は高校卒業後に出会った料理の師の影響でイタリア料理の道へ。「ただ、いわゆる〝イタリアン〟を作っているつもりはないんです。ベースは和の出汁ですし、あえていうなら僕オリジナルの創作イタリアン」

コースの前菜として提供される「うにの洋風茶碗蒸し」や「自家製豆腐のオリーブオイルがけ」、ソースをオリーブオイルとクリームから選べ

上）白い器は前菜「2種盛り」。オリーブオイルとの相性が抜群の「自家製豆腐」と「本日のキッシュ」の2品が楽しめます。手前は、肉質が自慢の「常陸牛のステーキ」。左下）入り口までのアプローチにセンスよく配されたグリーンや小物。右下）ドリンクは奥さまのひろこさんが担当。

駐車場前に掲げられたこの看板を目印に。

MENU

ピッツァランチ（マルゲリータ2,000円、クアトロ 2,500円）／スパゲティランチ（本日のスパゲティ 2,200円、生うにのスパゲティ 2,600円）／常陸牛のステーキ（パン or ライス）3,300円／本日のお肉・お魚料理 2,600円

＊すべて前菜、デザート、飲み物付き

店の前には、野菜や花を育てる自家農園があり、その先には太平洋の大海原が広がります。畑は勇二さん自らが手入れをし、季節の野菜やハーブを栽培。その先の花畑の花は、ひろこさんがチョイス。夏から初秋にはカラフルなジニアが咲き乱れます。

Come Stai?

上）木をふんだんに使った心地よい店内。左側の窓の外に前ページの眺望が広がります。左下）知人の作家が手掛けた器のディスプレー。右下）ソースをオイルとクリームから選べる、人気メニューの「生うにのスパゲティ」。

る「生うにのスパゲティ」や、独自レシピの4種のチーズがのるピッツァ「クアトロ」も、すべて出汁が基本。和と洋の素材を絶妙に調和させた、独創的ながら心と体をほぐすやさしい味こそが、「DA Ruiji」の真骨頂です。

そういった味付けが生きるのも、新鮮な素材を選んでいるからこそ。魚と肉は、実家の寿司店と縁が深い信頼のおける業者から仕入れ、野菜は、店の前に広がる畑で自家栽培するものと契約農家から仕入れたものだけを使います。

エントランスでお客さまを迎えるフローティングフラワーや、店内にさりげなく配された小物やグリーン、陶器作品のディスプレーなどのインテリアを担当するのは、奥さまのひろこさん。窓外の景

左）花畑で育てられた花が店内の各所にさりげなく飾られ、お客さまの目と心を癒やします。右上）陽が落ちてからはより落ち着いた雰囲気に。右下）名物の一つ、ピッツァ「クアトロ」。

やさしい味の料理、雄大な景色、居心地のよい空間と音楽があります。ぜひ心身のエネルギーを満たしていってください。

オーナーシェフの
渡辺勇二さんと
ひろこさん夫妻

色を含めた心癒やす空間演出と、彼女の輝く笑顔によるもてなしで、料理を待つ時間が至福のリラクゼーションタイムに。

「料理がおいしいのは当たり前、この景色とこの空間で、来ていただいた方それぞれに最適のおもてなしをするのが、僕たちのスタイル。僕らの愛もたっぷり加えてね」といたずらっぽく笑う勇二さん。大海原を眼下に眺めながら、五感をフルに解放して味わう幸せのカタチが、ここにあります。

DATA

(住) 日立市日高町3-28-13
(TEL) 0294-43-8808
(営) ［ランチ］11:45～
［ディナー］18:00～
(休) 月曜
(席) テーブル席17席　全席禁煙
事前予約制
(URL) インスタグラムあり

ACCESS

小木津駅から東へ約2km
（車で約5分）

井中《いちゅう》

厳選食材と
日本料理の技が織りなす
彩り鮮やかな和のおもてなし

大通りからやや奥まった住宅街の一角に店を構える「井中」。その凛とした佇まいは店主の食に対する真摯な姿勢を体現しているかのよう。「食材選びは出会い」と語る店主の中村強さん。実際に目で見て確かめるため、労を惜しまず時には生産者の元に自ら足を運び、食材と向き合って献立を組み立てます。

日本の四季を五感で味わう和の饗宴「井中膳」

MENU

店主おすすめ井中膳（魚、野菜料理）2,920円／常陸牛のステーキ御膳 4,400円＊無農薬のお米か玄米を選べます。デザート、コーヒー付きランチメニューの「井中膳」には、新鮮な刺身、旬の魚の焼き物のほか、器や盛り付けにも趣向を凝らした心尽くしの料理の数々が並び、その一つ一つに日本料理の技が結実しています。そして、大洗という土地柄、魚料理が秀逸なのはもちろんのこと、野菜がおいしいのもこの店の魅力の一つ。例えば、地場野菜の炊き合わせは食材ごとにすべて別々に炊き、繊細に盛り付けられます。料理には、季節の野菜や果物を添えて、目にもおいしく仕上げています。また豆腐には岩塩・オリーブオイル・ブラックペッパーを合わせるなど、型にはまらず柔軟に和食以外の食文化を取り入れた一皿も。「料理は〝ものづくり〟」と語る中村さんの生命力溢れる挑戦は続きます。

左）常陸牛ステーキは陶板で程よく火を通し極上の一口に。
右）店主との粋な会話も楽しめるカウンター席。大人の時間を。庭を望むテーブル席や個室もあります。

DATA

(住) 東茨城郡大洗町磯浜町7812-8
(TEL) 029-266-1171
(営) 11:30～14:00（L.O.13:30）
17:30～22:00（L.O.21:00）
(休) 月曜
(席) テーブル席24席
（カウンター席 4席含む）
全席禁煙　要予約
(¥) カード不可　電子マネー不可

ACCESS

那珂湊駅から南へ約2.5km
（車で約7分）

大人のための空間でゆったりとした時間をお過ごしください。

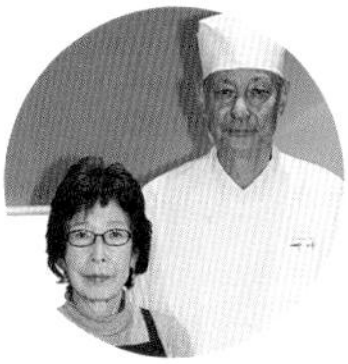

店主の中村強さんと大井富佐子さん

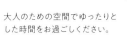

MENU

スペシャルランチセット（前菜盛り合わせ・薬膳スープ・メイン2品・点心3種・ご飯・杏仁豆腐付き）　2,390円／ランチセット（A・B）各1,390円／薬膳つゆそば 950円／昼のコース（要予約）3,500円～／夜のコース（昼にも予約可能）3,500円～

薬膳中華茶坊 三笠

やくぜんちゅうかさぼう みかさ

心と体も癒やされる おいしい薬膳中華

名物の薬膳スープ、メイン料理2品など盛りだくさんな「スペシャルランチ」の一例。

「あじさい寺」として親しまれる古刹・雨引観音（雨引山楽法寺）。その参道入り口に佇むのが「三笠」です。ここで味わえるのは、中華中医薬学会認定営養薬膳師の資格を持ち、ヨーロッパの五つ星ホテルや旧ホテルオークラつくばでも料理長を務めた経歴を持つ、料理長の袖山博明さんによる、体にやさしく、おいしい薬膳中華。厳選した地元食材と手作りにこだわり、薬膳の考え方や調理法が織り込まれた料理を提供しています。

　ランチのおすすめは、海老チリと月替わりの肉料理の2品がメインの「スペシャルセット」。春夏秋冬の季節の変化に合わせ、具材や漢方の素材も変えて作る「薬膳スープ」は、遠方からも目当てに訪れる常連客も多いのだそう。

左上）雨引山（標高409m）の中腹にある同店からの眺望もご馳走。左下）お宮参りなどのお祝いや法事、大切な人との会食にもふさわしい優雅な個室。右）薬膳スープは、季節ごとの体調に必要な食材や漢方素材を配合。

DATA

住 桜川市本木1（雨引観音 第1·2駐車場内）
TEL 0296-54-5009
営 11:00～14:00
17:30～21:00（L.O.20:00）
休 火曜
席 テーブル席 40席
個室（8名まで要予約）　テラス席 40席
全席禁煙　予約可
¥ カード可
URL http://sabo-mikasa.jp/

ACCESS

桜川筑西ICから南東へ約8.5km
（車で約15分）

お寺からのパワーと、体にやさしい薬膳中華料理で、体の外から中から元気になっていただければ幸いです。

支配人·料理長の
袖山博明さん

「三笠」では、味わいに深みを加えるソースはもちろん、調味料まで手間暇を惜しまず手作り。上質な素材の旨味を最大限に引き出すことで、添加物や塩分を控えられています。やさしい味わいながら、芳醇なコクを感じられる一皿一皿に心も体も癒やされます。境内を100種5千株のアジサイが彩る初夏には、早めの予約がおすすめです。

MENU

自然薯とろろご膳 2,200円／きせつの天ざるそば 1,980円／自然薯つけとろろそば 1,650円／自然薯生おろし 620円／自然薯のすあげ 600円

筑膳

つくぜん

趣深い和の空間で
本格的な蕎麦と
山の恵みの自然薯を味わう

季節により内容の変わる小鉢が付いた「自然薯とろろご膳」。

日本百名山の一つ「筑波山」の中腹に位置する「筑膳」は、石挽きしたそば粉で作る手打ちの二八蕎麦と天ぷら、自然薯料理などが楽しめる和食処です。積み上げられた石垣の上に建つのは、大正2年に建築された築１００年以上の歴史ある建物。「当時は旧銀行として使用されていたものを、取り壊してしまうのはもったいないと両親がここに移築しました。囲炉裏《いろり》を囲む部屋は元々土間とカウンターで、両替などを行っていた場所です」と店主の山内力さん。壁には、当時をしのぶ「株式会社茨城貯蓄銀行代理店」と書かれた板やわらを編んで作られた雨具「ミノ」が掛かり、乳母車の車輪部分がソリの形状になっている珍しい「乳母ゾリ」が飾られています。

上）テーブル席にリニューアルされた囲炉裏《いろり》部屋。左下）滋養強壮の効能から「山菜の王者」や「山のうなぎ」と称される自然薯の生おろし。右下）筑波山登山道入り口に近い豊かな自然の中に建つ古民家。

DATA

- ㊟ つくば市沼田1441-1
- TEL 029-866-0068
- 営 11:30～19:00
- 休 月曜（祝日の場合は翌平日）
- 席 テーブル席 45席
  全席禁煙　予約不可
- ¥ カード不可　電子マネー可
- URL http://tsukuzen.com

筑波山へお越しの際はぜひとも当店にお立ち寄りください。スタッフ一同心よりお待ちしております。

コメント／店主の山内 力さん
写真／お店の看板

ACCESS

土浦北ICから北西へ約20km
（車で約25分）

一番人気の「自然薯とろろご膳」は、たっぷりの自然薯とろろと麦飯、殻まで挽いた色の濃い蕎麦やカラッと揚がった季節の天ぷらが味わえる満足感ある品。自然薯を皮のまますり下ろし、わさび醤油でいただく「自然薯生おろし」や、自然薯をすって揚げた「自然薯のすあげ」などもおすすめです。

茨城そばめぐり

歴史ある蕎麦どころ茨城。中でも蕎麦の産地、常陸太田と笠間は名店が数多く点在するエリアです。わざわざ訪れたいお蕎麦屋さん8軒をご紹介します。

心和やかに景色も味わうそば家

1. 古民家の雰囲気そのままの心ほぐれる空間。 2. 香り豊かな十割蕎麦と、玄米を3日以上熟成させた酵素玄米のセット。 3. 雄大な景色とともにいただく蕎麦は格別。4. 体も喜ぶ無添加の手作りケーキとオーガニックコーヒー。

そば家 和味

玄蕎麦の皮をむき、石臼で丁寧に挽いた十割蕎麦。その傍らには酵素玄米。目に映るのは心和む里山の風景。「この景色に一目ぼれして千葉から移住を決めました」と語るオーナー夫妻がこの店を開いたのは、古民家ブームの走りだった2006年のこと。当初からマクロビオティックを取り入れ、体にやさしい季節のスイーツも好評です。

㊟笠間市飯合702-1 (TEL) 0296-74-2744 (営)11:30~16:00＊蕎麦がなくなり次第終了 (休)木曜 (席)20席　全席禁煙　予約可（対応できない時間あり、要相談）(¥)カード不可　電子マネー不可 (URL) http://www.sobaya-nagomi.net　インスタグラム、フェイスブックあり

蕎麦の実の力もいただく「発芽そば」

手打百藝
泰然

蕎麦の実を発芽させると甘みが増すとともに独特のぬめりのある食感になります。また、ルチンが増加し栄養価も高くなるとのこと。県内でも希少な「発芽そば」のほか、蕎麦の実の芯の部分だけを用いた真っ白な「更科そば」、鬼殻ごと石臼で挽いた風味豊かな「田舎そば」の三種がいただけます。衣の花咲く天ぷらもおすすめ。

1. 三種そば。左から「更科そば」「発芽そば」「田舎そば」。天ぷらは繊細なサクサクの衣が絶品。 2. 古民家によく馴染む古布で作られた人形や小物が目を楽しませてくれます。 3. 立派な植木と大きな暖簾が目印。4. 笠間焼の展示販売も。

(住) 笠間市下市毛229-1 (TEL) 0296-73-5008 (営) 11:00〜15:00（L.O.14:30）＊蕎麦がなくなり次第終了 (休) 火曜（祝日は営業、翌日休み）(席) テーブル席13席　座敷22席　全席禁煙　予約可（平日のみ、前日までに要連絡）(¥) カード不可　電子マネー不可

石臼粗挽き、香りが生きる蕎麦

1.「そば御膳」(数量限定)。せいろそば、海老野菜天ぷら、ゆば刺し、そば寒天ぜんざいが味わえる人気のセット。 2.テーブル席のほか、ゆっくりと蕎麦を味わえる座敷席も。 3.大きな看板、広い駐車場、はためくのぼりが目印。

尚庵

全粒を粗めに挽くことで、香りが残り甘みが感じられる風味豊かな蕎麦に。バランスのよい「せいろ(二八蕎麦)」のほか、数量限定で十割蕎麦も味わえます。盛り汁は本枯本節の焼き節を使用。蕎麦を下の方だけつけて丁度よくなるよう、旨味をぐっと凝縮した濃い目の汁に仕上げています。2023年で25年目。客足が絶えない確かな味。

㊟笠間市石井1803-1 (TEL)0296-72-5676
(営)11:00～16:00＊蕎麦がなくなり次第終了
(休)水曜 (席)テーブル席16席　座敷12席
全席禁煙　予約可 (¥)カード不可
電子マネー不可 (URL) https://hitosara.com/0005008953/food.html

そば切り 一兵衛

「そば切り」とは細長く切った蕎麦、いわゆる一般的に蕎麦と呼ばれるもの。笠間芸術の森公園のすぐそばに店を構え、その名のとおり注文を受けてから一人前ずつ熟練の技で蕎麦を切ります。そのリズミカルな音が何とも耳に心地よく、「三たて(挽きたて、打ちたて、茹でたて)」に加えて「切りたて」の香り高く風味豊かな蕎麦が味わえます。

(住)笠間市笠間2490-10 (TEL)0296-73-0216 (営)11:30～18:00＊蕎麦がなくなり次第終了 (休)月曜 (席)テーブル席14席　座敷12席　全席禁煙　予約不可 (¥)カード不可　電子マネー不可

「そば切り」の音までおいしい名店

1、2.ついつい目を奪われる蕎麦を切る所作は、写真右奥のガラス越しに見ることができます。3.殻をむいた抜き実の「せいろ」は細く、殻ごと挽いた「田舎そば」は太く切り分け、喉越しや香りの違いを楽しめます。

SOVA TEA 越路

厳選された常陸秋そばを使用し、蕎麦つゆは湯せんを繰り返し、3日以上熟成させるこだわりよう。「限定せいろ」には板そばが付いていて、蕎麦の味がよく味わえます。そのままでもおいしく、またお塩でいただくのもおすすめ。女性にも楽しんでもらいたいとご飯や総菜とのセットもあります。そばぜんざいなどのデザートも人気。

㊟常陸太田市稲木町字西山岸1395-4
℡0294-72-2333 (営)11:00~15:00
（L.O.14:30）＊蕎麦がなくなり次第終了
(休)月曜、第4火曜 (席)32席　全席禁煙
平日のみ予約可 (¥)カード不可

落ち着いた空間で
蕎麦の味を堪能

1. そば団子が入った「そばぜんざい」。2. お店は緑に囲まれた閑静な場所にあり、ゆったり過ごせる空間です。3. 1日20食限りの「限定せいろ」。

ゆったりとした時間の中で
蕎麦に舌鼓み

1.「水府産常陸秋そばランチセット」。2. 昔ながらの縁側がすてきな古民家。3. 昔の建具をそのまま生かし改装された店内は落ち着く空間です。

今日ハ晴レ

年齢を重ね、いろんな事を手放したらお天気だけが気になるようになったという店主。「私の大好きな青空のもと、ゆっくり楽しみながら過ごしていただきたい」。店名にそんな想いが込められた「今日ハ晴レ」でいただけるのは水府産常陸秋そばを使った手打ちの二八蕎麦。季節の前菜、食後のデザート、コーヒーとともにゆったりとした時間が過ごせます。

㊟常陸太田市上土木内町365 ℡0294-33-9818 (営)11:00～15:00 (休)月・木・金・土・日曜 (席)テーブル席 6席　座敷席 8席　全席禁煙　予約制＊蕎麦は要予約 (¥)カード不可 (URL)https://kyohahare.com　フェイスブック、インスタグラムあり

そば園佐竹

打ちたての香り高い蕎麦を
朝採れ野菜の天ぷらと

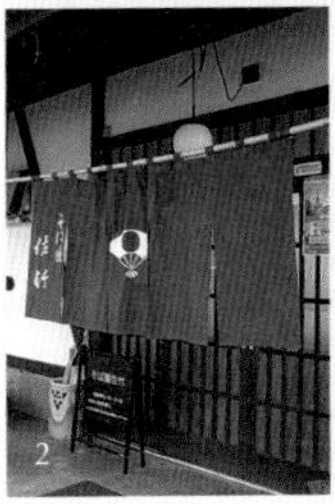

1. 旬の野菜や山菜の天ぷらが季節を感じさせてくれる「旬菜天もり」。2. 家紋の入った藍色の暖簾をくぐって店内へ。3. 日本家屋の雰囲気ある広々とした店内。

「そば園佐竹」に来たら食べたい「旬菜天もり」は人気のメニューです。常陸秋そばを使用した田舎蕎麦といわれる粗挽きした香り高い蕎麦と旬の自生した山菜と自家栽培の野菜の天ぷらがいただけます。皮ごと挽いた蕎麦は香り高く、より蕎麦の味を感じられます。根野菜はほくほくと、葉野菜はパリッと、朝採れ野菜の天ぷらも格別です。

(住)常陸太田市天神林町5-207-2
(TEL)0294-73-2288 (営)11:00~15:00(L.O.15:00)(休)月曜、1月1日~5日 (席)51席　全席禁煙　予約可 (¥)カード不可
(URL)https://www.sobaensatake.net インスタグラム、フェイスブック、ツイッターあり

慈久庵 鯨荘 塩町館

趣のある店舗は明治20年に建てられた歴史ある建物。うどん屋だった「塩町館」は、名店「慈久庵」で修業した経験を生かし蕎麦も始めたところ蕎麦が主流に。常陸秋そばを手刈り、天日乾燥し、石臼で粗挽きしたものを手打ちした手間のかけられた贅沢なお蕎麦です。粗挽きながら透明感のあるなめらかさ。香り、食感、共に味わい深い逸品。

(住)常陸太田市西一町2325-1 (TEL)0294-72-5911 (営)11:00~14:30(L.O.)17:00~20:30(L.O.)*売り切れじまいとなります (休)木曜、第4水曜(祝日の場合は営業) (席)テーブル席24席　全席禁煙　予約不可 (¥)カード可
(URL)http://www.jikyuan.co.jp/shiomachi.html
インスタグラム、ツイッターあり

歴史ある建物で在来種
「常陸秋そば」を味わう

1. 趣のある建物は明治時代の旧銀行。2. 天井が高く広々とした店内。梁がそのまま残されています。3. 地元のネギを使ったサクサクな天ぷらが絶品、「葱天せいろそば」。

世界を旅する料理

気軽な渡航が懐かしい昨今。せめて食事で旅行気分を味わいたい！と思う方も多いのでは？　茨城にいながら、異国の料理や雰囲気が楽しめる〝食の世界旅行〟へ。

遠き異国に思いを馳せる
豊かな時間

1. 異国情緒溢れる重厚な店内。 2. 赤くないボルシチ。酸味と赤色が特徴のビーツや白いスメタナを好みで加えます。シャシリックは目の前で豪快にひと焼き。3. 小物にも異国ロマン。4. レンガ造りの洋館が目印。

ウクライナ
UKRAINE

キエフ

ウクライナ風の本格的なボルシチが楽しめる「キエフ」は、1969年の開店以来、半世紀以上も水戸で愛されてきた名店。ランチは、野菜の旨味溢れるボルシチに加えて、ビーフシチュー、ピロシキ、シャシリック（短剣焼き）などから一皿を選びます。ひ孫と通う常連客、遠くから訪れるファンなどをとりこにしてきたオーナーシェフ熟練の味をぜひ。

㊟水戸市加倉井町670-2 TEL 029-251-8530 営 11:00～14:00（L.O.13:30）、17:00 ～20:00（L.O.19:00）
㊡月曜（月曜が祝日の場合は火曜） 席 テーブル席 30席　全席禁煙　予約可 ￥ カード可

ベトナム
VIETNAM

ベトナム料理
アオババ水戸店

1. ベトナムから取り寄せた民芸品が飾られ、色鮮やかな店内。2. 食料品なども販売。3. 国旗と黄色い外壁が目印。4. フォー（牛肉または鶏肉）と五目チャーハン、生春巻き、サラダ、チェーが一度に味わえる欲張りな「スペシャルランチセット」。

ベトナム語で“普段着”という意味の店名とおり、気軽に普段遣いとしてベトナム料理が楽しめる「アオババ水戸店」。ベトナム人シェフが腕を振るうランチは、フォーやビーフン、ご飯系、バインミーなど、目移りするほど種類豊富です。日本人の舌に合わせずとも、実は食べやすいという本場の味付け。異国情緒溢れる店内でひとときのプチトリップを楽しんで。

(住)水戸市南町1-3-40 (TEL)029-357-4364 (営)[ランチ] 平日・土曜11:30~14:30（L.O.14:00） 日曜11:30~17:00 [ディナー] 平日・土曜17:30~22:00（L.O.21:00） 日曜17:00~22:00（L.O.21:00） (休)月曜 (席)テーブル 14卓、椅子 34席　全席禁煙　予約可 (¥)カード可 (URL)https://aobaba-mito.owst.jp/　インスタグラム、フェイスブックあり

現地の味を
異国情緒溢れる空間で

素材の味を引き立てる
絶妙な味付け

(住)水戸市渡里町2305-6 (TEL)029-353-8620 (営)1日3部制 ①11:45~12:50 ②13:00~14:00 ③14:10~15:20
(休)日・月曜 (席)テーブル席 20席　全席禁煙　予約制（当日でも空きがあれば入店可） (¥)カード不可 (URL)インスタグラム、フェイスブック、ツイッターあり

スリランカ
SRI LANKA

錫蘭《せいろん》食堂
コジコジ

スリランカの日常的な食事が味わえる「コジコジ」。カレーや野菜の副菜が並んだ「スリランカプレート」は見た目にも美しい一皿です。野菜のおかずの種類が豊富なのも魅力の一つ。店主いわく、野菜の持ち味を引き出すため塩やレモン、ちょっとしたスパイスなど味付けは至ってシンプルとのこと。素材を生かした絶妙な味付けに感動します。

1. 日替わりの「スリランカプレート」。この日はイカのカレーとチキンのカレーに副菜という取り合わせ。2. 色鮮やかな布が目を引く、色使いがすてきな店内。3. 素材に合わせるスパイスは、自家焙煎、製粉したもの。4. 階段を上がって2階が入り口。

1

㊟つくば市二の宮2-14-15 TEL 029-855-4561 営 11:00〜15:00、17:00〜22:00 休 火曜 席 テーブル席 60席　全席禁煙　予約可 ¥ カード可　電子マネー可 URL https://p830811.gorp.jp　インスタグラム、フェイスブックあり

2

3

4

1.「南インド野菜カレーセット」（サラダ・揚げパン・豆のおせんべい・マンゴーラッシー付き）。2. さまざまなお酒のボトルが並ぶカウンター席。3. 洞峰公園通りに面する入り口。4. 広くおしゃれな店内。個室やテラス席も用意されています。

インド
INDIA

タージ・マハル

豆と米の粉を練り鉄板で薄く焼いた「ドーサ」やスパイスとお肉の炊き込みご飯「ビリヤニ」など、本格的な南インド料理がメニューに並びます。人気の南インド野菜カレーセットはドリンクを付けて1,738円。ホウレン草とパニール（豆腐のような食感のインドチーズ）のカレーや豆カレーなど、数種類のスパイスカレーが楽しめます。

タイ
THAI

ルアンタイ

タイ人シェフが腕を振るう本場タイ料理は、ハーブをふんだんに使ったヘルシーな一皿。1999年、まだタイ料理店が珍しかったころ水戸にお店を構えました。スペシャルメニューは一度にいくつもの味が楽しめます。タイ料理の基本は甘、辛、酸ですが辛さを抑えたマイルドな味付け。辛さの調整なども相談できます。

1.店内に入ると調理場から漂うハーブのいい香りが。2.一緒に注文したいトムヤムクン（小）3.入り口にはかわいい提灯の飾り付けと象の置物がお出迎え。4.スペシャルメニューはグリーンカレー、春雨のスパイシーサラダ、食パンの海老すり身揚げ、ミックス野菜のタイ風炒め、ライスに、ドリンクまたはデザートが付きます。

㊟水戸市吉沢町273-1 ホワイトルミネ103 TEL 029-248-3229 ㊔11:45～14:30（L.O.14:15）、18:00～21:30（L.O.21:00）㊡水曜 席 テーブル席20席　全席禁煙　夜のみ予約可 ¥ カード不可 URL http://www.ruanthai.info ツイッターあり

本場の味を茨城で。
タイ料理店の先駆け

伝統料理から定番まで 奥深きハワイの食文化

1. ハワイアンソルトが効いた伝統的蒸し焼き料理「カルアピック&キャベツ」。じっくり蒸し上げた豚肉はホロホロとやわらか。2. 天井が高くゆったりとしたアメリカンハウス調の店内。3. くつろげるソファー席もあります。4. 緑豊かなロケーション。

ハワイ
HAWAII

PAIAshore

元々は洋食料理人として、長年腕を振るってきた店主の岩倉和次さん。サーフィンなどでハワイを訪れるうち、現地の食文化に強く惹かれお店を開くまでに。店名はマウイ島にある小さな町「PAIA」から。「観光地にある表面的な食ではなく、リアルなものを紹介したい」と、自らの舌と足で習得したローカルな料理を提供しています。

(住) ひたちなか市枝川87-1 (TEL) 029-353-7958 (営) [ランチ] 11:30～14:30 [ディナー] 17:30～21:30 (L.O.21:00)
(休) 木曜 (席) テーブル 15席、カウンター 10席、ウッドデッキ 8席 (ペット連れOK) 全席禁煙 (ウッドデッキ席のみ喫煙可)
予約可 (¥) カード不可 電子マネー不可 (URL) https://paia-shore.wixsite.com/welcome-to-paiashore インスタグラム、フェイスブックあり

Bon Goût

バスク地方
EUSKAL HERRIA

海と山の幸に恵まれたフランス・バスクは、食通が集う街として有名です。日本ではまだあまり知られていないバスク料理に魅了されたオーナーの小出守道さんが、おいしさを多くの人に知ってほしいと2015年に「ボン・グー」（おいしいの意）をオープン。代表的な魚料理「タラの赤ピーマン詰め」をはじめ、メニューも幅広く揃えています。

㊟つくば市二の宮2-2-22 ℡029-893-4966 ㊢11:30～15:00（L.O.14:00）18:00～22:00（L.O.21:00）㊡日曜、月曜ランチ＊月曜は夜のみの営業 ㊫テーブル席14席　夜のみ全席喫煙可　予約可 ㊎カード可　電子マネー可 ㋴インスタグラム、フェイスブックあり

バスク地方の郷土料理を味わう

1. 本日のおすすめメニューはカウンター上のブラックボードで。2. 入り口に掲げられたバスクの旗が目印。3. バスク地方の代表的魚料理である、タラの赤ピーマン詰め ピペラードソース。

Cambio

スペイン
SPAIN

フランスとスペインをまたぐバスク地方の中でも、サン・セバスチャンは指折りの美食の街。「小さく安価なバルでも、三つ星レベルの料理が提供されることに衝撃を受けた」とオーナーシェフの大関慶子さん。現代のバルをモチーフとした空間で、ピンチョスや甲殻類を贅沢に使った出汁で焼き上げるパエリャなどを堪能できます。

㊟つくば市学園の森2丁目39番地4 イストワール001号 ℡029-893-6363 ㊢11:30～15:00（L.O.14:00）、17:30～23:00（L.O.22:00）㊡火曜 ㊫テーブル席 12～20席　分煙（テラス席のみ喫煙可・ペットOK）　予約可 ㊎カード可　電子マネー可 ㋴https://www.cambio-tsukuba.com フェイスブックあり

進化を続けるこだわりのスペイン料理

1. 赤や紫など、独特な色使いの雰囲気ある店内。2. 隣接する美容室と共有の駐車場あり（17台）。3. 一口サイズの軽食「ピンチョス」（カンビオ・燻製鴨のサラダ・ハイジ）と「魚介のパエリャ」（1人前からオーダー可）。

地元を味わう

海の幸、山の幸に恵まれた茨城で、地元食材を贅沢に堪能したいならぜひこちらへ。和食から中華、イタリアン、洋食まで、ジャンルもさまざまな7軒をご案内。

Stile Oma

スティーレ オマ

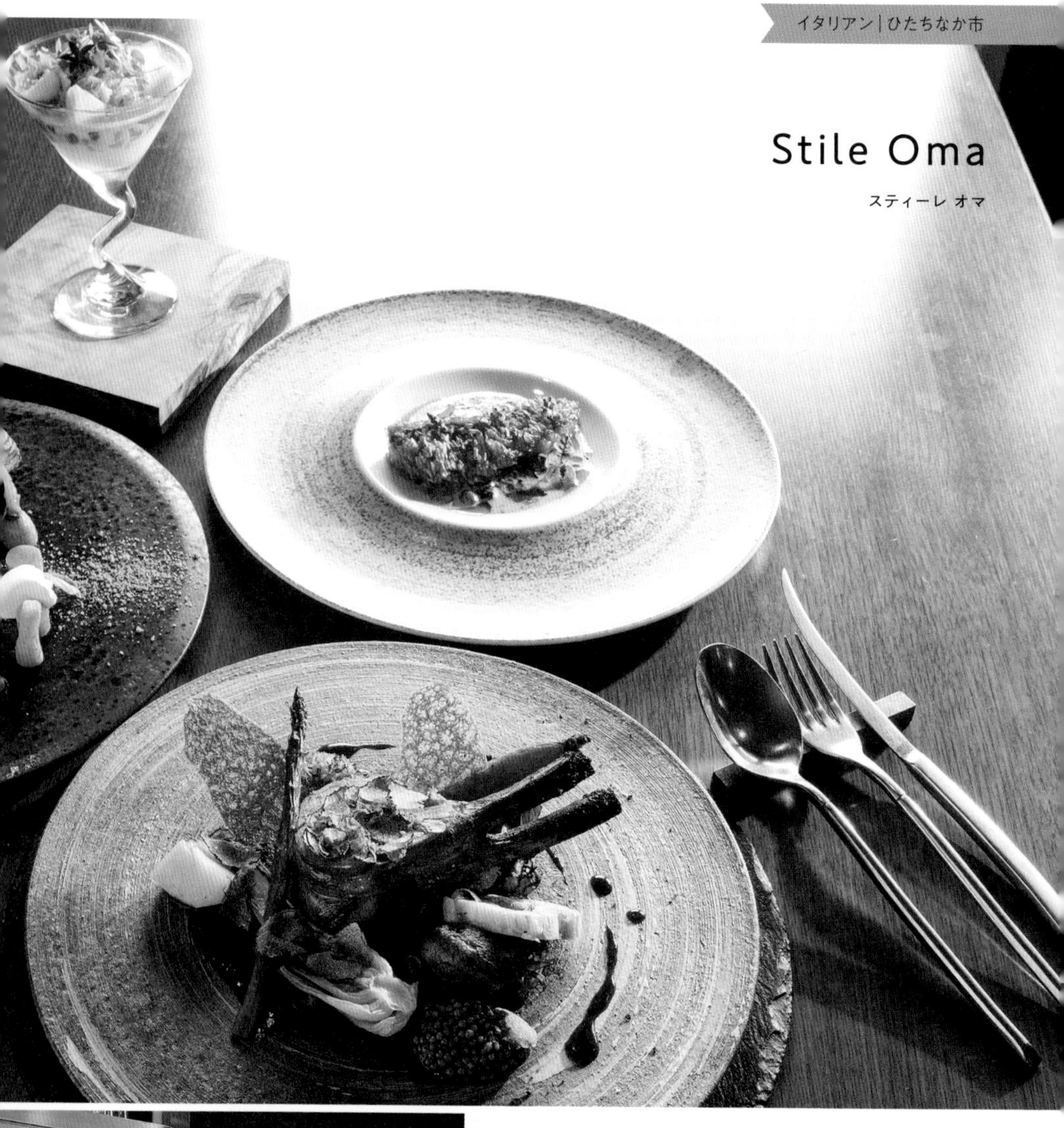

お皿の上で表現する、茨城だからこそ楽しめる「茨城イタリアン」

車を走らせていると、白い壁が目を引くすてきな建物が見えてきます。そこは、人を喜ばせることが好きというオーナーシェフ・尾又貞行さんが営むイタリア料理店「Stile Oma」。お店の中に入ると、外側からでは分からない、一面の窓に緑のある風景が広がる心地よい空間。

18歳で料理の道に進み、元々自分のお店を開業することがありきだったそうですが、イタリア料理の奥深さに魅了され２０１９年に独立するまでの間、さまざまなイタリア料理店で約23年間研鑽《けんさん》を積んできたという尾又さん。新規店舗の立ち上げやレストラン、バルのシェフを経験した後、土地探しから始めて、ようやく理想のお店を開くことができたといいます。

イタリアはその細長い地形により北と南で気候が大きく異なり、それぞれの風土で独自の食文化が発展してきました。イタリア料理とはいわば郷土料理の集合体。一方、茨城には海と山があり、野菜作

上）[Capitolo II／第II章]おまかせコースより料理の一例（おまかせコースは要予約）。左下）広々としたオープンキッチンでシェフが腕を振るいます。右下）閑静な住宅街に一際目を引くすてきな建物が「Stile Oma」。

お店の壁にかわいいデザインで施された「Stile Oma」の文字が目印です。

MENU

- [Prologo／序章] 2,838円
- [Capitolo I／第I章]
  おまかせコース 4,235円
- [Capitolo II／第II章]
  おまかせコース 6,050円
- Omaパルフェ 594円

＊おまかせコースは要予約

上）窓からは緑の風景が広がります。左下）ズワイガニ、アスパラ、卵を使った前菜。口に含むといろんな味や食感に驚きます。右下）甘鯛の鱗焼き／季節のソースを添えて。

りにも適した風土。さまざまな食材が揃う恵まれた環境です。「Stile Oma」では、イタリア料理をベースに、茨城の食材はもちろん、ヨーロッパや全国各地の厳選した食材を使い、ここでしか味わえない「Omaスタイル」な料理をお皿の上で表現したいとのこと。一皿一皿がまるで絵を描くように食材で彩られ、しばらく眺めていたくなる美しさです。口にすると、いろんな食感、変化する味に驚きます。

　お客さまに喜んでもらえるようにと、「ワクワク」や「ドキドキ」を大切にした料理やサービス、空間づくりを意識してきた尾又さんでしたがコロナ禍を経験してからはより、飲食店のあり方を考えさせられたといいます。食事の時間はお腹を満たすだけではない、

左）日々市場へ足を運び、鮮度の良い魚介類を取り揃えています。右上）カトラリーや器などにもこだわっています。右下）素材を生かすソースづくりにも余念がありません。

大切な人と過ごす大事な時間であると改めて感じたそう。「食事という時間を通してその方の一日が素晴らしい日になることを願い、日々進化できるように精進していきたい。お客さまにもワクワク、ドキドキしてもらえるような食事や空間、時間を提供していけたらと思います」

こだわりがたくさん詰まった「Omaスタイル」をお料理はもちろん空間ごとお楽しみください。

オーナーシェフの
尾又貞行さん

DATA

(住) ひたちなか市佐和3045-1
(TEL) 029-352-9770
(営) 11:00~14:30（L.O.13:00）
18:00~22:00
(休) 月曜、ほか月に2日程度不定休あり
(席) 33席　全席禁煙　予約可（夜は要予約）
(¥) カード可
(URL) https://stileoma.com
インスタグラム、フェイスブックあり

ACCESS

東海駅から南西へ約3.5km
（車で約8分）

割烹 鳥音

かっぽう とりおと

地場食材で織りなす料理は
目にも美しく
正統な味わい

MENU

ばらちらし重 2,200円／刺身盛り合わせ定食 1,700円／上天丼 1,700円／ローストビーフ丼 1,650円／美明豚ステーキ定食 1,550円

豊富なネタをのせた「ばらちらし重」。

ひたちなか海浜鉄道湊線那珂湊駅より徒歩3分ほどのところにある「割烹 鳥音」は、日本料理一筋35年のキャリアを持つ坂場俊勝さんが奥様薫さんと夫妻で営む割烹料理店です。自宅の1階を改装した店内は、清潔感のある落ち着いた雰囲気。世代を超えて愛される正統な味わいの和食を提供しています。

坂場さんは営業日の朝、時には日に何度も市場に足を運び、新鮮な魚介をはじめ、常陸牛、美明豚《みめいとん》など、厳選する地場産食材を仕入れ、目にも美しく繊細な味わいの一皿に仕上げます。東京の和食店で修業を積み、ふぐ調理免許を取得するなど、料理の腕を磨いた経験が生かされています。魚の目利きの鋭さは、かつて魚屋を開いていた祖父母の

左上）カウンター、テーブル席を備えた店内。
左下）旬の素材を盛り込む前菜。右）住宅街の一画にある店舗。近くに駐車場あり。

DNAを受け継いだものかもしれません。ちなみに店名は、祖父母の店の屋号「鳥音」から。

茨城の海の幸や山の幸が満載のお昼の定食は、まずは季節を感じる彩り豊かな前菜からいただきます。地元食材のおいしさを堪能できる至福の時間の始まりです。

ひたちなか、那珂湊へお越しの際は、ぜひお立ち寄りください。食事会や宴会などもご予算に応じて受けております。

店主の坂場俊勝さんと薫さん夫妻

DATA

(住) ひたちなか市釈迦町11－27
(TEL) 029-262-3336
(営) 11:30～13:30
17:00～22:00(L.O.21:00)
(休) 木曜、不定休あり
(席) テーブル席 12席　カウンター 5席
全席禁煙　予約可(予約がおすすめ)
(¥) カード不可

ACCESS

那珂湊駅から西へ約250m
（徒歩で約3分）

MENU

柏ノ木セット（昼）2,750円／ショートコース（昼） 3,300円、5,500円／点心セット（昼）1,750円

Chinese Kitchen 柏ノ木

チャイニーズキッチン かしわのき

地元産の食材を盛り込む中国料理 思い出のある祖父の土地で恩返し

ショートコースの前菜の一例。

常磐自動車道水戸北ICのすぐそばで、田畑が広がる緑のロケーションが魅力の「Chinese Kitchen 柏ノ木」。県産銘木の八溝杉をふんだんに設えた店内から目に入る、のどかな風景に心が和みます。

そんな開放的な空間の中でいただくのは、東京や横浜のレストランで広東料理の腕を磨いたオーナーシェフの柏寛士さんが提供する中国料理。地元漁港で水揚げされた魚介、地元の生産者たちから直に仕入れる朝採り野菜を盛り込むなど、フレッシュ感に溢れています。メイン料理は、鎮江香酢《ちんこうこうず》の黒酢豚、フカヒレの上海蟹煮込みなどの柏さんのスペシャリテが並びます。

「ここは、子どもの頃よく遊んだ祖父の土地。店を開くならここしかない」と2017

左上）田園が広がるロケーションに建つ店舗。
左下）紹興酒や日本酒などのドリンクも充実。
右）県産銘木のぬくもり感が心地いい店内。

年にオープン。3年目を迎えた年に大型台風で浸水被害を受けましたが、「再スタートできたのは、同業者の友人やお客さまたちが応援に駆け付けてくれたおかげです」。どん底とやさしさを経験したからこそ発信できることがあるのではないか。地域の生産者とのネットワークを広げ、地元愛溢れる地産地消の店を目指しています。

本格中国料理と香港直送の
中国茶をお楽しみください。

オーナーシェフの
柏寛士さん

DATA

住 水戸市飯富町5328-1
TEL 029-297-5360
営 11:00～14:30（L.O.14:00）
17:30～22:00（フードL.O.20:30、
ドリンクL.O.21:00）
休 月曜（祝日の場合は翌日休み）
席 テーブル席 1階38席　2階テーブル席 6席
全席禁煙　予約可
¥ カード可
URL http://kashiwanoki.com/
インスタグラム、フェイスブックあり

ACCESS

水戸北スマートICから北へ約20m
（車で約1分）

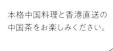

le Scarecrow

ル・スケアクロウ

驚きと感動を与える
アイデアが光る
ここでしか
食べることのできない料理

筑波山の豊かな自然に恵まれ、研究学園都市として栄えるつくば。西大通りを少し小道に入った公園横に建つ「ル・スケアクロウ」は、赤い壁が目を引くフレンチベースの無国籍レストランです。

オーナーシェフの桧山純さんは、バックパックを担いで世界各国を旅し、イギリスやアフガニスタンなどで仕事をした経験から、各国の文化や習慣を肌で感じてきたといいます。「人がしていることは、したくないですね。さまざまな経験から生み出される料理、国境にも文化にもカテゴリーにもとらわれない一皿を提供していきたい」

店名の「ル・スケアクロウ」は、日本語で「かかし」。ワイングラス片手に羽根帽子をかぶった、おしゃれなかかしのロゴマークが印象的です。店内には、常連さんや友人からプレゼントされたテイストの違う小物が飾られ、お店の歩んできた歴史を感じさせます。壁を彩るのは、画家のしばたあきこさんの幻想的な絵画の

上）編まれたホウレン草をはじめとする地元の野菜や、笠間でご両親が作る野菜が皿を彩る「目鯛のポワレ・茄子のラグー添え」。左下）和ダンスの置かれるアンティークな空間。右下）赤い壁に鉢植えのグリーンが映える外観。

小鳥を肩に乗せた小粋なかかしが描かれる看板。

MENU

Lunch Starter 715円～
〃　Main-dish 1,155円～
Dinner Starter 1,375円～
〃　Main-dish 2,365円～
＊Dessertは昼夜共通660円

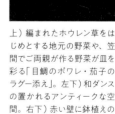

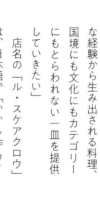

レンガの壁にペンダントライトのあたたかな光が灯るカウンター。料理を心から楽しむシェフが生み出す渾身の一皿がサーブ担当の奥さまへと手渡される場所でもあり、ご夫妻の醸し出す穏やかな空気感が店内に伝わります。

上）かかしやウサギをモチーフとした置物や絵が多く飾られています。左下）ハンガリーのハーブリキュールや中世の手吹き瓶デザインのブランデーが置かれるカウンター。右下）Starter「鶏肉といろいろハーブのテリーヌ」。

数々。

「私たちは壁を飾ってもらっているだけ。絵のチョイスもすべて、作家さんにおまかせしています。販売もしているので、タイトルのないものは売約済みです」

　メニューは、プリフィックスタイル。前菜、メイン、今日のごはん、デザートから自由な組み合わせで選ぶことができます。食事には、アミューズ・パン付き。お店でシェフが焼く天然酵母入りのパンは、おかわりが1回できます。「地元の野菜を形や調理方法を変えて、自由な発想の料理に昇華できたら。普段のもので違う演出をすると、皆さんが喜んでくださるんですよ」と桧山さんはほほ笑みます。その言葉のとおり、見慣れた野菜がバラやリーフに

左）しばたあきこさんの絵が飾られる壁。右上）プラムのシャーベットが添えられた「栗渋皮煮のパイ包み」。右下）店名とかかしが印字される入り口正面に置かれた木箱。

DATA

住 つくば市春日3-13-1 ソレイユ高野101
TEL 029-886-3622
営 [ランチ] 11:30～ [ディナー] 18:00～
休 火曜(＋他1日)
席 テーブル席 8席
全席禁煙　予約可
¥ カード不可　電子マネー不可
URL http://le-scarecrow.com
フェイスブックあり

ランチタイムのフルコース（6,600円～）もご予約いただけます。

オーナーの
桧山純さん

ACCESS

つくば駅から北西へ約2.2km
（車で約6分）

カットされたり、編まれていたり。サーブされるたびにワクワクするような盛り付けを、目で、食感で楽しめます。和食器が多く使われているのも特徴的。メインディッシュの皿は、笠間で一番古い窯元「久野陶園」で焼かれたものです。「料理を作れることが幸せで……。お客さまに驚いてもらえると、さらにうれしいです。妻と二人で末長くお店をしていけたら」。和やかな雰囲気が作り出す居心地の良い空間。それもまた魅力の一つと言えるでしょう。

MENU

いわし御膳 2,200円／いわし懐石（要予約）4,200円／天然岩ガキ（夏季限定）1,320円～／あんこう鍋（冬季限定）3,350円／あんこうどぶ汁（冬季限定・要予約）3,980円

味処 大森

あじどころ おおもり

イワシ、岩ガキ、あんこう 大洗の恵みを 目で楽しみ心で味わう

刺身、天ぷらが絶品の「いわし御膳」。つみれ汁もぜひ。（＋100円でみそ汁から変更可能）

「その日にとれたものをその日のうちに」をモットーに大洗の新鮮な地魚料理が楽しめる「味処 大森」は、２０２３年に創業43年目を迎えます。先代の大森勇さんが昔から大洗でたくさんとれたイワシを懐石にまで仕上げ、以来、地元の常連客はもちろん、遠く県外や海外のお客さまに至るまで多くの方の舌を楽しませてきました。現在は二代目の弘之さんが板長を務め、目でも楽しめる心尽くしの料理を提供しています。

　鮮度が命のイワシの刺身は臭みもなく上品に脂がのっていて高級魚をしのぐ味わい。天ぷらはサクッとした衣とふっくらとした身のコントラストが見事な一品です。

　夏は天然岩ガキが人気。磯の香りとぷりぷりの食感、濃

左上）冬の味覚「あんこう鍋」。秘伝の合わせみその割り下があんこうの旨味を引き出します。左下）和室にゆったりと配置されたテーブル席が人気。右）ようこそ大洗の味処「大森」へ。

夏は岩ガキ、冬はあんこう、一年を通じていわし料理が食べられるお店です。

オーナーの
大森弘之さん

厚な味わいが魅力です。冬は何といっても「あんこう鍋」。あんこうの七つ道具「ひれ、黒皮、あん肝、白身、胃袋、えら、卵巣」すべてがお鍋の中に。部位や食べ方など丁寧な説明があり、余すことなくあんこうを味わうことができます。最後の締めの雑炊がまた絶品。「あんこう鍋」は予約がおすすめです。

DATA

(住) 東茨城郡大洗町磯浜町3152-1
(TEL) 029-267-4060
(営) 11:30～14:30（L.O.14:00）
17:00～21:00（L.O.20:00）
(休) 月曜、不定休あり（HPにてご確認ください）
(席) テーブル席50席　全席禁煙　予約可
(¥) カード可　電子マネー可
(URL) http://www.ajidokoro-oomori.com
インスタグラム、ツイッターあり

ACCESS

大洗駅から北東へ約1km
（車で約5分）

彩美亭《さいびてい》

圧巻の厚切りポークステーキ
旨味を閉じ込めた
心をつかむ一皿

MENU

［茨城県産ローズポーク 網焼き］上2,750円、並2,250円／［茨城県産常陸の輝き 網焼き］上ロース4,246円、並ロース 3,729円／彩美亭日替わりランチ1,320円／［彩美亭かさま餃子］ローズポーク 12個760円、常陸の輝き12個890円＊餃子は冷凍販売のみ。全国受注発送対応。

厚切りローズポークの網焼き。わさびとマスタードで。

「アメリカで食べた厚切りのポークステーキがヒントになりました」と語る店主の飯田史明さん。それを「家業の肉屋の利を生かし、この茨城のローズポークで焼いたらおいしいに違いない」とひらめきました。ただ、厚切りステーキはとにかく調理時間がかかります。最低でも網焼き10分、その後、中までしっとりと火を通すためオーブンで10分以上焼き上げます。そのため、メニュー開発の段階で反対意見もありましたが、「どうしても肉の旨味をぎゅっと閉じ込めた厚切りステーキを食べてほしい」と押し通しました。しかも、口コミでそのおいしさが徐々に広がるまでには月日を要し、苦労もあったのだとか。それでも自分の舌を信じて焼き続け、今では遠く他

左上）存在感のあるログハウスが目印。左下）アメリカンカントリー調の店内。ランチタイムは満席に。右）「彩美亭日替わりランチ」も人気。日によってソースが変わるお楽しみの一皿。

DATA

㊟ 笠間市下郷4067
℡ 0299-45-4118
㊢ 11:00～15:00（L.O.14:30）
17:00～20:45（L.O.20:00）
㊡ 月曜
㊫ テーブル席40席　全席禁煙
予約不可
＊平日夜、17:00～18:30の来店のみ予約可
¥ カード不可　電子マネー可（PayPayのみ）
URL ツイッターあり

ACCESS

岩間駅から西へ約550m
（徒歩で約7分）

ローズポークは甘味があってジューシーです。一口食べて、笠間や茨城の魅力を感じてください。

コメント／店主の飯田史明さん
写真／彩美亭オリジナルキャラクターのメアリーちゃん

県からも足を運ぶファンがいるほどの看板メニューに。脂身もしつこくなく女性でもペロリと食べられる肉質の良さが魅力です。

さらに、新たに考案した「ローズポーク」や「常陸の輝き」といった茨城の銘柄豚を使った餃子は、笠間市のふるさと納税返礼品にもなっており、市内外へ茨城の食の魅力を発信し続けています。

MENU

昼のコース 2,750円／夜のコース 3,500円～／常陸牛ローストビーフ 2,000円／蓮根はさみ揚げ2種 825円／蓮根しゅうまい 660円

旬の台所 連根屋

しゅんのだいどころ れんこんや

旬の野菜のおいしさにこだわり 一皿一皿が名物となる 和食料理店

主菜を魚と肉から選べる「秋のランチコース」

おいしい、楽しいという心「根」を「連」ねられる料理と空間を提供していけたらと付けられた店名「旬の台所 連根屋」。稲敷市浮島の契約農家から届く蓮根や美浦村の安中米、牛久市の卵など、茨城県の食材を中心に手間暇かけて作られる料理の数々が、とにかくおいしいと評判の独創的な和食料理店です。おかわりをされるお客さまもいるという名物の「いも万十」は、ジャガイモをメインに数種類の芋を蒸して裏ごし揚げたものに、出汁のあんをかけていただく一品です。

日本各地やアメリカでの修業経験を持つ店主の佐藤栄次さん。その土地のおいしいものを紹介したいと、京都南禅寺のおぼろ豆腐をはじめとする素材の取り寄せにも積極的

左上）連根屋名物「いも万十」。左下）お店を始める前から試行錯誤を繰り返し、毎年作り続けているという梅酒が店内の棚に並びます。右）すだれで仕切られた掘りごたつ席。

DATA

- ㊟ 牛久市神谷1-6-8
- TEL 029-871-3094
- 営 [ランチ] 11:30～15:00（L.O.14:00）
  [ディナー] 17:30～22:00（L.O.21:00）
  ＊日曜は昼のみの営業
- 休 木曜
- 席 テーブル席 約30席　カウンター席 7席
  全席禁煙　予約可
- ¥ カード可　電子マネー可
- URL https://renkonya.com
  インスタグラム、フェイスブックあり

旬の野菜と出汁を多種多彩にお楽しみいただけるよう、日々努めています。ごゆるりとしたお食事を！

店主の
佐藤栄次さん

ACCESS

牛久駅から東へ約1km
（車で約5分）

です。「他の土地を知ったからこそ地元の良さもわかるようになりました。茨城は、やっぱり野菜がおいしいですよ」

店内に飾られる、南高梅・白加賀・豊後とラベルの貼られた梅酒の瓶も目を引きます。「お客さまに楽しんでもらいたくて、毎年スタッフ総出で作っています。ヴィンテージを飲み比べていただきたい」

食事と空間

例えば、そこからすでに期待感が高まるアプローチだったり、室内の独特な空気感や四季折々に美しい庭園だったり……。空間づくりの妙もじっくり味わいたい7軒をご紹介します。

MENU

昼のコース 3,300円、4,400円
／お手軽笹巻きランチ 2,200円

三春《みはる》

日常から離れて味わう
心と体にやさしく響く
食事と空間

昼のコースの中のお料理（要予約）

日常から離れて、食事をしながら自分だけの、もしくは大切な人との時間を過ごしたい時に思い浮かぶのが、七十余年の歴史をもつ「三春」です。この隠れ家のような日本建築は、増築の際、三代目女将・渡邊映理子さんの芸術家であるお父さまが手掛けたもの。意匠を凝らしたモダンかつ洗練されたデザインは、時を経てなお、訪れる人たちを魅了しています。

日本料理のランチコースには、自家栽培の採れたて野菜と厳選された旬の食材を使い、手間と時間をかけ作られた料理の数々がいただけます。先代から受け継ぐ秘伝のタレを使った三春名物「笹巻きごはん」は、そのおいしさにファンも多い逸品。便利さと引き換えに調理に手間をかけるこ

上）各部屋の窓からは美しい海の景色が望めます。左下）人気のくずきり。右下）お店の隣に駐車場があります。駐車場からの入り口はこちらから。

DATA

- 住 日立市旭町2-8-14　TEL 0294-22-1567
- 営 ［昼］11:30～14:30（L.O.）
  - ＊食事をされた方はカフェも利用可能
  - ［夜］18:00～21:00（L.O）
  - ［カフェ］13:00～18:00（L.O.17:00ごろ）
- 休 ［昼］月・火曜　［夜］日・月・火曜
  - ［カフェ］月・火・水・木曜
- 席 4室（大きいお部屋で最大14名）　全席禁煙
  - 予約制　前日までに要予約
- ¥ カード不可
- URL インスタグラム、フェイスブック、ツイッターあり

お部屋の窓からは、水平線と空と波音が……。ゆったりのんびり、そしておいしいひとときをぜひお過ごしください。お待ち申し上げます。

三代目女将の
渡邊 映理子さん

ACCESS

日立駅から南へ約250m
（徒歩で約3分）

とが少なくなった昨今、手をかけられたお料理はとても贅沢に感じられます。

　各部屋の窓から海が見えるロケーションながら、最寄りの日立駅からは徒歩3分ほどの三春。県外の方の利用も多いそうで、例えば電車一本で来られる都内の方なら、この食事と空間を味わいに、非日常の時間を過ごすためだけの小さな旅もおすすめです。三春のお料理と空間が心と体をリセットしてくれます。

MENU

店主おまかせランチ(日によって内容変更あり) 2,300円／コース料理 3,500円／コース料理 5,500円

＊ランチでもコース料理を承ります

古民家レストラン鄙

こみんかれすとらんひな

静かな山あいで味わう 店主こだわりの崩し会席

ランチの一例。野菜で作られた寿司やカキを一切使っていないカキフライなど、工夫を凝らしたあっと驚く料理を提供。

常陸大宮市の山間地にひっそりと佇む、「田舎」という意味の「古民家レストラン鄙」。田舎暮らしをしながら自分のお店を構えたいという夢を持っていた店主の長谷川浩美さんは、都内で12年、伊豆で7年料理店を営んだ後、２０１０年、奥さまの富佐江さんとともに、縁ができた常陸大宮市へ移住しました。開業に合わせ、元々は歯科医院だった築１２０年の古民家をほぼ自分たちで改修し、移住の翌年にお店をオープン。夫婦そろっての趣味は古いものを集めることで、店内の雰囲気に合ったセンス光る骨董品が、数多く飾られています。

ランチは、完全予約制で一つのみ。遠くから来ていただいたお客さまに喜んで帰ってもらいたいと、地元で採れた

左上）軒先の目の前には、日本庭園のような雰囲気が魅力のお庭が広がっています。左下）マグロ、サーモン、イカのお造り。右）夫婦で集めた骨董品などが並ぶ店内では、ゆったりとした時間を過ごすことができます。

DATA

住 常陸大宮市下檜沢1678-1
TEL 0295-58-2228
営 [ランチ] 11:30～14:00
[ディナー] 17:30～20:00＊現在お休み中
休 水・木曜
席 テーブル席14席（3部屋）
完全予約制（前日までに要予約）
¥ カード不可　電子マネー不可

肩を張らずに気楽にいらしてください。皆さまをお待ちしております。

コメント／店主の長谷川浩美さんと富佐江さん夫妻
写真／お店の看板

ものや自分たちの畑で作った無農薬の野菜を使用し、見た目も味も海の幸そっくりな、あっと驚くおまかせランチを提供しています。今までに食べたことのない料理の数々は、長年培ってきた料理人としての技。「手間暇かけて作った料理を、残さず食べていただけることが何よりもうれしいです」と笑顔で語ります。

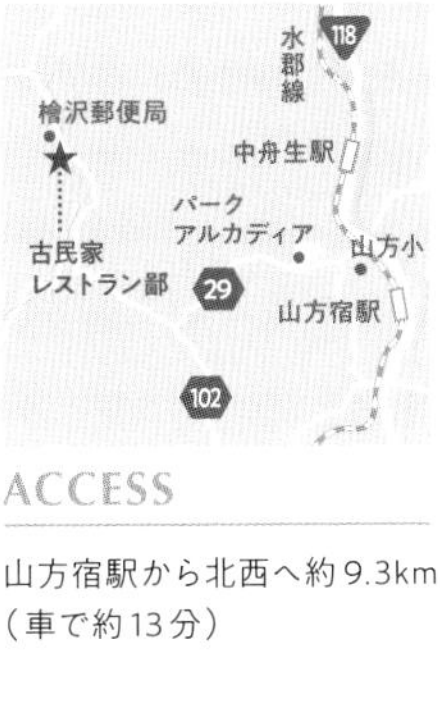

ACCESS

山方宿駅から北西へ約9.3km
（車で約13分）

MENU

肩ロースブレゼ（とろ～り煮込み）1,600円／魚のムニエル（白身魚）1,600円／ハンバーグ（デミソース）1,600円／ポークヒレカツチーズ焼き（やわらかトンカツ）1,600円／海の幸フライ（魚・ホタテ・エビ・イカ）1,600円＊すべてスープ、サラダ、ライス又はパン、フルーツ、コーヒー又は紅茶付き

Log House Restaurant
TwinHeart

ログハウス レストラン ツインハート

夫婦二人三脚
丁寧な料理と温かい接客で
地域に愛される隠れた名店

ランチタイムの人気メニュー「肩ロースブレゼ」。驚くほどのやわらかさ。

那珂川大橋のほとりに佇む「ログハウスレストランツインハート」。常陸大宮市出身のオーナー・三村正夫さんと奥さまの恵子さんが夫婦二人三脚で運営しています。以前からここの景色のとりこだった正夫さん。２００４年、自らログハウスの建築にも携わったお店をこの場所にオープンしました。ランチの「肩ロースブレゼ」は、蒸し煮という意味。フランス料理を代表する調理法で、素材のやわらかさと本来の味が引き出される、難易度の高い手間暇かかる料理です。水戸のホテルでフランス料理人として働いた経験を持つ正夫さんだからこそ提供できる味といえるでしょう。

「おいしさを二人のハートに込めて」という意味の店名のとおり、オープンから19年、

上）テラス席から見えるのは、オーナーが惚れた那珂川の絶景。左下）「ツインハート」の外観。こだわって建てられた趣のあるログハウス。 右下）旨味と香りがぎゅっと閉じ込められた「魚のムニエル」。

DATA

㊟ 常陸大宮市野口1121-1
℡ 0295-55-4511
営 ［ランチ］11:30～15:00（L.O.14:00）
［ディナー］17:00～21:00 ＊完全予約制
㊡ 火・水曜
席 テーブル席30席、テラス席10席
（テラス席のみペット可）
¥ カード不可　電子マネー不可
予約可（昼も席のみ可、夜は完全予約制）

ACCESS

常陸大宮駅から西へ約8.5km
（車で約15分）

目の前に広がる景色とゆったりとした時間を食事とともにお楽しみください。

オーナーの三村正夫さんと恵子さん夫妻

丁寧に作られた料理と恵子さんの温かい接客は、口コミを通じて広がり、地域に愛される名店に。フランス料理のコースを完全予約制で提供するディナーに比べて、「ランチは洋食にもっと馴染んでいただこうとフランス料理とはあえて言わず、洋食屋さんの気分で営業しています」と恵子さんは語ります。

Bistro泉邸

ビストロいずみてい

築140年の長屋門でくつろぎ、味わう
欧州野菜を豊富に使ったフレンチ

那珂市北端の緑豊かな地に、築140年の豪壮な佇まいの長屋門を改装したフランス料理店「Bistro泉邸」はあります。

店の運営を任されているのは、オーナーの子息で料理長を務める小泉雅樹さん。物心ついた頃には、両親の知人の料理人たちに仕込みの手ほどきを受けていたという根っからの料理人です。高校を卒業して埼玉の大学に進むも、卒業後すぐに都内の料理学校へ。フランス校へも留学し、後にミシュランの一つ星を獲得するフランスローヌ地方の名店で1年間住み込み修業を続けました。バターを控えめにして素材の味を生かすその店の料理は、そのままBistro泉邸の持ち味に繋がっています。

フランスから帰国後、都内や地元茨城の店舗で経験を重ね、2018年、使われなくなっていた先祖ゆかりの屋敷内にある長屋門を改装して、Bistro泉邸をオープンしました。昼、夜ともに料理はコースで提供。使う素材は、肉も魚も野菜もできる限り那珂市

上）どの料理にも、料理長の兄夫妻が営む農園で採れた珍しい欧州野菜がふんだんに使われています。左下）店のエントランスは長屋門をくぐった右側に。右下）ワインは、料理長が修業したフランスのものが揃います。

威風堂々とした佇まいの長屋門が目印。

MENU

ランチAコース（前菜・魚or肉料理・パン・デザート・コーヒーor紅茶）2,750円／ランチBコース（前菜・魚料理・肉料理・パン・デザート・コーヒーor紅茶）3,300円／飲み物はノンアルコール、アルコール類各種440円～

上）梁などの構造体は残しつつもモダンに改装された居心地のよい店内。左下）門扉からの眺め。木々の向こうには、モダンな意匠の母屋が見えます（内部見学は不可）。右下）スパークリングワインやノンアルコールワインの種類も豊富。

やその近隣でとれたものを、しかも、できるだけ他では楽しめないような食材を選ぶことを心掛けています。「茨城は本当においしいものが豊富な地域。〝地のもの〟がもっとも新鮮で輸送コストも安く、結果、お客さまによりよいものを提供することにつながります」と小泉シェフ。

とくに野菜にはこだわりを持ち、兄夫妻が営む「Portaファーム」（Portaは門の意味）で無農薬有機栽培されるものをメインで使用。アーティチョークやサボイキャベツといった、日本では珍しい欧州野菜もふんだんに使われ、前菜やガルニチュール（付け合わせ）としてそれぞれの皿を美しく彩ります。

珍しい食材の背景や調理法について楽しく伝えてくれる

のは、奥さまの絵美さんをはじめとするホールスタッフ。お客さまの雰囲気や食事のペースを見極めながら、シェフが選んだ素材の印象を、対話によって一層鮮やかに引き立てていきます。

野菜関連メニューの中でも特にファンが多いのが、初夏に登場する「トマトのスープ」です。甘味と酸味が絶妙に絡み合う、濃厚ながら爽やかな味わいの冷製スープは、毎年、Bistro泉邸からお客さまに初夏を告げる風物詩となっています。

左）店の奥には、伊勢神宮のご神木を使ってつくったテーブルが鎮座しています。右上）凝った細工が施された母屋の玄関上の瓦。右下）長屋門の外観。向かって右側の内部が店舗になっています。

DATA

㊟ 那珂市門部2709-1
℡ 029-295-2437
営 ［ランチ］11:30～14:30（L.O.13:30）
［ディナー］17:30～21:30（L.O.20:30）
休 水・木曜
席 テーブル席14席　全席禁煙
ランチは当日予約可能（お出かけ前にご連絡ください）
ディナーは前営業日までの完全予約制
URL https://bistro-izumitei.therestaurant.jp
インスタグラム、フェイスブックあり

安心して召し上がっていただける無農薬有機野菜の豊かな風味をぜひごゆっくりとお楽しみください。

料理長の小泉雅樹さんと絵美さん夫妻

ACCESS

額田駅から西へ約3.5km
（車で約6分）

trattoria Agreste

トラットリア アグレステ

目に映るすべてのものに物語がある上質な大人のイタリアン

MENU

マルゲリータ 単品 1,100円、セット 1,550円／季節野菜のペペロンチーノ 単品 1,400円、セット 1,850円／奥久慈卵と茨城県産小麦ユメシホウを使ったカルボナーラ・リングイネ 単品 1,800円、セット 2,250円／焼きカレー単品 1,550円 セット 2,000円

＊セットはサラダ、ドリンク、ドルチェ付き

シンプルだからこそ素材が生きるマルゲリータのセット。

木造でありながら深みのある黒の外観。大きな三角屋根と縦長の窓が印象的な洗練されたデザイン。木漏れ日の小道を進みスタイリッシュな門をくぐると、見惚れるような庭とシンプルかつ温かみのある建物の正面が迎えてくれます。エントランスの大きな扉を開け目に飛び込んでくるのは、特徴のある丸みを帯びたデザインのピザ窯。この窯は米粉を配合したピザがおいしく焼けるように作られた特注品。帽子のようなかわいいフードもオーナーの長谷川さんが鍛冶職人とコミュニケーションを図りながら作り上げたもの。ピザは注文を受けてから生地を伸ばし焼き上げます。その生地には茨城県産地粉「ゆめかおり」と茨城県産米粉を配合。もっちりとした

上）洗練さと温かみが融合した店内。大きな松の梁、大谷石の壁がアクセント。左下）緑の木立を抜けてエントランスへ。右下）地粉のパスタに濃厚な奥久慈卵を絡めていただくカルボナーラ。

DATA

(住) 石岡市鹿の子4-1-3 (TEL) 0299-56-6198
(営) 11:30 ～ 17:00（L.O.16:30）
［ランチタイム］11:30 ～ 14:30（L.O.）
［金曜・土曜のみ］～ 21:00（L.O.20:00）
＊金曜・土曜夜の営業はコロナ感染予防のため自粛中
(休) 月曜、年末年始（12月31日～1月4日）
(席) テーブル席 33席　テラス席 8席
（店内に犬同伴可の席あり）
全席禁煙（テラス席のみ喫煙可）　予約可
(¥) カード可　電子マネー不可
(URL) http://www.trattoria-agreste.com
インスタグラムあり

食材や食器、庭、店内の空間にこだわりを持ったレストランです。大人の時間をお楽しみください。

店長の吉田健二さん（右）とキッチンスタッフの山下淳一さん

ACCESS

石岡駅から北西へ約3.5km
（車で約10分）

食感と生地そのもののおいしさが味わえます。パスタには茨城県産小麦「ユメシホウ」、卵は奥久慈卵、野菜は地元の農園の無農薬野菜といったこだわりが随所に。料理はもちろん、照明、家具、装飾、建材、景色、そしてサービスにまで、洗練さと同時にぬくもりを感じる心地よさがあるのは「すべてにこだわり、そこに物語があるから」と長谷川さん。

食楽懐石 風土庵

しょくらくかいせき ふうどあん

旬の地場野菜と日本の原風景
素材の持つ力を
最大限に生かす匠の技

MENU

・昼食
2,800円、3,500円、
4,200円、5,500円
（結婚式など8,000円）
・夕食
6,500円、8,000円、
11,000円

つくばや近隣で収穫された野菜40種類を使った、野菜が主役のコース料理。

季節の移ろいを、梅に始まる木に咲く花で感じることができる広い庭。苔むした小高い丘から望めるのは、釘を一切使わずに建てられた木組みの美しい築130年の伝統家屋です。土間だったフロアは板張りとなり、靴を脱いで食事を楽しむスタイル。柱時計が時を刻み、冬には薪ストーブのぬくもりに包まれます。畳の部屋に置かれた重厚感あるテーブル席に座ると、暑さの厳しい季節でも心地よい風が通り抜けるのを感じることができるでしょう。「昔と変わらない雰囲気で、つくばの自然を、お料理を、お茶を楽しんでいただきたい」とオーナーの野堀敬香子さん。樫の木に守られた本格数寄屋造りのお茶室も併設されています。

提供する食事は、旬にこだ

上）太い梁と漆喰の壁に守られた昔ながらの居心地の良い空間。左下）庭で採れたイチジクをのせた「真鯛のカルパッチョ　フルーツサラダ添え」。右下）木々が生い茂る緑豊かな庭のある古民家。

DATA

㊟ つくば市遠東398
℡ 029-847-1501
㊒ ［ランチタイム］12:00～14:30
［ディナータイム］17:00～20:30
（入店は19:00まで）
㊡ 月曜　不定休あり
(席) テーブル席20席　全席禁煙　要予約
(¥) カード可　電子マネー不可
(URL) https://fudoan.jp

つくばの自然を料理だけでなく、空気や風、空のきらめきまでも含めて丸ごと楽しんでいただきたいと思っております。

オーナーの
野堀敬香子さん

わったコース料理。日本元来の和食にモダンを加えた品々は、洗練された盛り付けで器を彩ります。「豪華でも珍しくもない地の野菜を多種類使うよう心掛けています。素の食材がおいしいと思える調理方法で、できるものはすべて手作り。昔ながらの発酵食品も大事にしたいですね」

ACCESS

つくば駅から北西へ約5km
（車で約12分）

Restaurant

ROSE FARM HOUSE

レストラン　ローズファーム ハウス

「フラワーパークすべてが食卓に」
花と緑、風を感じる豊かなひととき

日本の原風景・里山の景色が残る「八郷地区」。石岡市（旧八郷町）下青柳にある「いばらきフラワーパーク」は〝見る〟から〝感じる〟をコンセプトに、2021年4月リニューアルオープンしました。「これまでの四季の花々を見て楽しむスタイルはそのままに、五感を刺激する豊かなひとときをご提案します」と広報の潮田宏美さん。バラの摘み取り体験やアロマミストづくりなど、年間100種類もの季節ごとの多彩なアクティビティが用意されています。

「レストラン ローズファームハウス」は、花と緑に囲まれた空間で八郷の新鮮な食材を使った美しい料理が提供される少し贅沢なフードコート。ランチプレート「束」は、野菜を花に見立てたディップサラダが目を引くおしゃれな一品です。季節によって変わる3種類（10時間煮込んだミートパイ・やさと平飼い卵のキッシュ・八郷古代米のきのこのリゾット／ソフトシュリンプなど）から選ぶメインと

上）ランチプレート「束」選べるメイン：赤ワインとトマトで10時間煮込んだ豚肉のミートパイ。左下）右下）5月中旬から6月下旬には、香り豊かな約900品種の春バラが見頃を迎えます。シーズン中の営業日には、摘み取り体験を開催。

店内のテーブルに置かれる季節の花々。

MENU

ランチプレート「束」1,980円（5品セット）／バラのソフトクリーム 500円／ペトラン スール（Petrin soeur）自家製天然酵母パン 300円～／焚き火マシュマロや地元のベーコン 300円～／ドリンク各種 300円～

バラ農家のダイニングに招かれたようなおしゃれなテーブル席。ガラス張りの店内は明るく、花と緑に囲まれた開放的な景色を楽しむことができます。予約制のペットと過ごせる個室あり（有料・専用の庭付き）。

上）バラテラスから望むレストラン ローズファーム ハウス。左下）マシュマロや丸干し芋のスティックを炙れる焚き火を季節限定で開催。右下）八郷野菜の束にバーニャカウダや地元味噌店の東屋のみそソースをディップ。

前菜、スープ、ドリンク、手作りのお菓子が付く5品セットで1,980円。園内の好きな場所で食事が楽しめるよう、プレートにはカトラリーやコップを固定する切り込みや穴、皿が動かないように敷かれたシートなど、たくさんの工夫が施され、小さく畳まれた紙おしぼりは、開くとローズに似た華やかなローズゼラニウムの香りがふわっと広がります。潮田さんおすすめの食事場所は、レストラン前のバラと里山を一望するテラス席。各所に「看板屋たけちゃん」制作によるかわいいリードフックが設置されているので、大切なペットと一緒に同じ空間を楽しむことができます。

　地元で人気のベーカリーショップの姉妹ブランド「ペ

左）ランチプレート「束」選べるメイン：八郷古代米ときのこのリゾット／ソフトシュリンプ。右上）バラをデザインしたランプシェード。右下）併設されたベーカリー「ペトラン スール」。

DATA

㊟ 石岡市下青柳200番地
（いばらきフラワーパーク内）
TEL 0299-42-4111
㊢ ［レストラン］11:00～15:00
［ベーカリー／テイクアウト］
11:00～17:00（L.O.16:30）
㊡ 火曜（祝日の場合は翌平日）
席 テーブル席 80席　全席禁煙　予約可
¥ カード可　電子マネー可
URL https://www.flowerpark.or.jp
インスタグラム、フェイスブックあり
＊レストラン利用には別途、入園料がかかります

「バラ農家に招かれる」をコンセプトに、花や植物に囲まれて味わう茨城県産や地元八郷産の新鮮なお食事をお楽しみください。

広報の
潮田宏美さん

ACCESS

土浦ICから北へ約13.3km
（車で約20分）

トラン スール」も併設。自家製天然酵母のおいしさにイーストを加えた、ふっくらシリーズのパンやサンドイッチが並びます。また、干し芋やマシュマロなどの焚き火メニューも用意。みんなでワイワイと焚き火を囲み、焼いて食べられるのが魅力です。

パーク内には、自然そのものを体感できる「花やさと山」や、宿泊施設「サークルロッジ」と「グランピングエリア」も。日帰りでは得ることのできない里山の醍醐味を味わえます。

取材執筆／海藤 和恵　笠井 峰子　柴田 亮子　田中 典子　中谷 咲子
山野井 咲里　谷部 文香　山辺 吉子　依田 直子
撮　影／新垣 宏久
デザイン・DTP／ゆたり編集室
編　集／柴田 亮子
地　図／今野 絵里菜

茨城 しあわせのランチ こだわりの味と空間を愉しむ

2023年 1 月30日 第1版・第1刷発行
2023年12月 5 日 第1版・第3刷発行

著　者　ゆたり編集室（ゆたりへんしゅうしつ）
発行者　株式会社メイツユニバーサルコンテンツ
代表者　大羽 孝志
〒102-0093 東京都千代田区平河町一丁目 1-8
印　刷　株式会社暁印刷

ご意見・ご感想はホームページから承っております。
ウェブサイト　https://www.mates-publishing.co.jp/

企画担当：堀明研斗